UF0516

APLICACIONES INFORMÁTICAS DE CONTABILIDAD

UF0516

APLICACIONES INFORMÁTICAS DE CONTABILIDAD

Ana García Alcázar

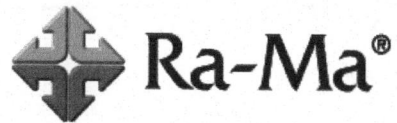

La ley prohíbe
fotocopiar este libro

UF0516 - APLICACIONES INFORMÁTICAS DE CONTABILIDAD
Código THEMA: KJQB Sistemas de información contable
CódigoBUS001040 — BUSINESS & ECONOMICS / Accounting / Financial
© Ana García Alcázar
© De la edición: Ra-Ma 2025

Editado por:
RA-MA Editorial
Calle Jarama, 3A, Polígono Industrial Igarsa
28860 PARACUELLOS DE JARAMA, Madrid
Teléfono: 91 658 42 80
Fax: 91 662 81 39
Correo electrónico: info@grupoeditorialrama.com
Internet: www.ra-ma.es y www.ra-ma.com
ISBN impreso: 979-13-88059-20-9
Depósito legal: M-27080-2025
Maquetación: Antonio García Tomé
Diseño de portada: Antonio García Tomé
Filmación e impresión: Safekat
Impreso en España en diciembre de 2025

A Reme,
la madre que me acogió cuando más lo necesitaba
y que, junto a mi hermano, me inculcó los valores
que hoy sostienen todo lo que soy.

Gracias por ofrecerme
un espejo donde mirarme.

Índice

SOBRE LA AUTORA **11**

CAPÍTULO 1. PROGRAMAS DE CONTABILIDAD.. **13**

1.1   ESTRUCTURA, PRESTACIONES Y FUNCIONES DE LOS PROGRAMAS
CONTABLES...14
      1.1.1   Funciones básicas: alta, baja y consulta de registros.............16
      1.1.2   Funcionalidades avanzadas: informes, exportación y seguridad.17
      1.1.3   Comparativa entre programas contables más utilizados...........18

1.2   CREACIÓN Y GESTIÓN DE EMPRESAS EN LA APLICACIÓN 19
      1.2.1   Alta de empresa y datos básicos 19
      1.2.2   Modificación de datos de empresa......................................22

1.3   GESTIÓN DE CUENTAS...24
      1.3.1   Creación del plan de cuentas...24
      1.3.2   Alta, codificación y gestión de cuentas y subcuentas................26
      1.3.3   Modificación y eliminación de cuentas.................................28

1.4   INSTALACIÓN Y ACTUALIZACIÓN DE APLICACIONES CONTABLES.............30
      1.4.1   Requisitos técnicos y compatibilidad..................................30
      1.4.2   Procesos de instalación paso a paso 32
      1.4.3   Actualización de versiones y parches de seguridad.................34

1.5   REALIZACIÓN DE COPIAS DE SEGURIDAD...36
      1.5.1   Importancia de las copias de seguridad en contabilidad..........37
      1.5.2   Tipos de copias de seguridad...38
      1.5.3   Procedimientos de recuperación de datos.............................40

CAPÍTULO 2. REGISTRO CONTABLE A TRAVÉS DE APLICACIONES INFORMÁTICAS . 43

2.1   INTRODUCCIÓN DE DATOS CONTABLES 44
      2.1.1   Importancia del registro informatizado................................45
      2.1.2   Elementos de un asiento en la aplicación.............................45
      2.1.3   Proceso paso a paso...46
      2.1.4   Herramientas de ayuda del software 47

2.1.5   Comparación entre registro manual e informatizado 47
2.1.6   Ejemplo ampliado con IVA 48

2.2   UTILIDADES DE LOS ASIENTOS...49
2.2.1   Ciclo de vida del asiento: visión general 49
2.2.2   Creación de asientos 49
2.2.3   Modificación de asientos 51
2.2.4   Copia de asientos y asientos recurrentes................................53
2.2.5   Eliminación y anulación de asientos 54
2.2.6   Remuneración de asientos...55
2.2.7   Comprobación de asientos y validaciones 56
2.2.8   Búsqueda, filtros y trazabilidad (bitácora)..............................57
2.2.9   Trabajo masivo: importaciones y lotes....................................57
2.2.10   Operativa por periodos: bloqueos y cierres.............................58
2.2.11   Buenas prácticas y errores frecuentes 58
2.2.12   Ejercicios guiados..59
2.2.13   Flujos operativos (esquema textual)..60
2.2.14   Indicadores de calidad (KPIs) de la contabilidad operativa........60

2.3   REGISTRO DE ASIENTOS CON CÁLCULO AUTOMÁTICO DEL IVA.................61
2.3.1   Configuración del tipo impositivo...62
2.3.2   Automatización del IVA soportado y repercutido......................63
2.3.3   Revisión y rectificación de asientos de IVA.............................65

2.4   OBTENCIÓN DE LIBROS CONTABLES..66
2.4.1   Libro Diario 67
2.4.2   Libro Mayor 69
2.4.3   Exportación a formatos electrónicos (PDF, Excel, XML) 70
2.4.4   Legalización de libros ante el Registro Mercantil......................71

2.5   ASIENTOS PREDEFINIDOS PARA OPERACIONES HABITUALES....................75
2.5.1   Compras...75
2.5.2   Ventas...76
2.5.3   Nóminas y Seguridad Social..77
2.5.4   Amortizaciones y provisiones...78
2.5.5   Gastos financieros y bancarios..79

2.6   REGULARIZACIÓN O LIQUIDACIÓN DEL IVA 80
2.6.1   Libro de IVA soportado 81
2.6.2   Libro de IVA repercutido 82
2.6.3   Modelos oficiales de liquidación (303, 390)..............................83
2.6.4   Cuadres y conciliaciones de IVA 84

2.7   ELABORACIÓN DE ESTADOS CONTABLES..85
2.7.1   Balance de comprobación de sumas y saldos..........................86
2.7.2   Cierre del ejercicio..86
2.7.3   Obtención de cuentas anuales..87
2.7.4   Apertura de la contabilidad 89

2.8 ACTUALIZACIÓN DE CUENTAS Y ASIENTOS PREDEFINIDOS 90
    2.8.1 Adaptación a cambios normativos 91
    2.8.2 Creación de nuevas plantillas de asientos 92
    2.8.3 Eliminación o actualización de plantillas antiguas 93
2.9 CUESTIONARIO 94
2.10 ACTIVIDADES PRÁCTICAS 99

Sobre la autora

Ana García Alcázar es licencia en ADE y en Ciencias Empresariales por la Universidad Complutense de Madrid. Cuenta con más de veinte años de experiencia profesional en los ámbitos de la gestión financiera, la contabilidad y la administración pública.

Actualmente desempeña el cargo responsable de administración y contabilidad de entidades de formación donde coordina la planificación, ejecución y control presupuestario de proyectos de carácter público y privado financiados con fondos nacionales e internacionales.

A lo largo de su trayectoria, ha impulsado la implantación de herramientas digitales en la gestión económica y documental, contribuyendo activamente a la modernización administrativa y a la transformación digital del sector público.

Es autora de varias obras especializadas publicadas por Editorial RA-MA, entre ellas:

- *Firma Electrónica: Las Nuevas Tecnologías en la Comunicación*
- *Factura Digital (ADGG022PO)*
- *Firma Digital, Certificado Electrónico y Factura Electrónica*
- *La Firma Digital (IFCM012PO)*
- *Tesorería y Cálculo Financiero. Curso práctico*

Su perfil combina el rigor técnico con una clara vocación divulgativa, acercando al lector los fundamentos de la gestión económica moderna y el uso de las tecnologías aplicadas al ámbito financiero y formativo.

1

Programas de contabilidad

La evolución tecnológica ha transformado profundamente la forma en la que las empresas gestionan su contabilidad. Lo que antes requería extensos libros físicos, cálculos manuales y gran dedicación de tiempo, hoy puede realizarse en cuestión de segundos gracias a los **programas informáticos de contabilidad**.

Estos programas son aplicaciones diseñadas para facilitar el registro, la organización y la consulta de la información económica y financiera de una empresa. Su objetivo principal es garantizar que todos los movimientos contables se registren de manera **correcta, ordenada y segura**, permitiendo a los responsables obtener información clara y precisa en cualquier momento.

La importancia de los programas contables no se limita a agilizar el trabajo administrativo. También son esenciales para:

- ▶ **Cumplir con la normativa legal y fiscal**, al generar automáticamente los modelos oficiales de impuestos (IVA, Impuesto sobre Sociedades, etc.).

- ▶ **Proporcionar información útil para la toma de decisiones**, a través de informes, balances y gráficos.

- ▶ **Asegurar la integridad y confidencialidad** de los datos contables, gracias a funciones de seguridad y copias de respaldo.

- ▶ **Conectar la contabilidad con otras áreas de la empresa**, como facturación, nóminas o gestión de inventario, lo que aumenta la eficiencia global del negocio.

En este bloque se estudiarán las principales características de los programas contables: su estructura, funciones básicas y avanzadas, procesos de instalación y actualización, así como la importancia de las copias de seguridad. Todo ello permitirá al lector adquirir una visión práctica de cómo se aplican las herramientas informáticas a la contabilidad en el día a día de una organización.

1.1 ESTRUCTURA, PRESTACIONES Y FUNCIONES DE LOS PROGRAMAS CONTABLES

En la actualidad, los programas de contabilidad se han convertido en una herramienta imprescindible para cualquier empresa, desde los autónomos hasta las grandes corporaciones. Si en el pasado la contabilidad se llevaba manualmente en libros físicos, hoy en día es casi impensable gestionar las finanzas de un negocio sin el apoyo de una aplicación informática que **automatice, organice y asegure** los registros contables.

Un programa contable no es únicamente una "hoja de cálculo mejorada": es un **sistema integral de gestión** que permite registrar operaciones, generar informes financieros, controlar impuestos como el IVA, realizar balances y, en muchos casos, integrarse con otras áreas de la empresa (facturación, nóminas, gestión de inventarios, etc.).

El objetivo de este apartado es que el lector conozca **cómo están estructurados estos programas, qué prestaciones ofrecen y cuáles son sus funciones más relevantes**, de forma que pueda desenvolverse con soltura al utilizarlos en la práctica.

Importancia de los programas contables:

1. **Agilidad en el registro:** permiten introducir operaciones de manera rápida y automática, reduciendo errores manuales.

2. **Control fiscal:** facilitan el cumplimiento de las obligaciones tributarias (IVA, Impuesto sobre Sociedades, declaraciones anuales).

3. **Seguridad:** incorporan mecanismos de protección y copias de seguridad que resguardan la información financiera.

4. **Toma de decisiones:** gracias a sus informes, los administradores disponen de datos actualizados para planificar y anticipar riesgos.

5. **Ahorro de costes:** reducen la necesidad de procesos manuales, optimizando tiempo y recursos.

Los programas contables constituyen la **columna vertebral de la gestión financiera moderna**. Su correcto uso no solo facilita el trabajo del contable, sino que asegura la transparencia, el cumplimiento normativo y la eficiencia administrativa de la empresa.

El aprendizaje de este apartado permitirá al lector familiarizarse con las herramientas tecnológicas que encontrará en el mundo profesional, comprendiendo tanto sus **aspectos básicos** como sus **funciones avanzadas**.

Todo programa de contabilidad cuenta con una **interfaz gráfica de usuario (GUI)** que organiza las herramientas y funciones disponibles. Conocer este entorno es fundamental, porque será la puerta de entrada al trabajo diario del contable.

Elementos principales del entorno

1. **Menú principal:** ubicado en la parte superior o lateral, agrupa las funciones por categorías (asientos, informes, IVA, configuración).

2. **Barra de navegación:** permite desplazarse entre los distintos módulos de manera rápida.

3. **Área de trabajo:** es la zona central donde se introducen datos, se visualizan asientos o se consultan balances.

4. **Panel de acceso rápido:** incluye accesos directos a funciones frecuentes, como "nuevo asiento", "imprimir informe" o "buscar cliente".

5. **Ventanas de ayuda:** ofrecen tutoriales o explicaciones contextuales para guiar al usuario.

▌ EJEMPLO

En un programa típico (como Sage o A3ERP), el usuario accede al **módulo "Contabilidad"** y dentro de él encuentra menús desplegables como:

- ▶ **Asientos** (alta, modificación, búsqueda).
- ▶ **IVA** (registro de facturas emitidas y recibidas).
- ▶ **Informes** (balances, cuentas de pérdidas y ganancias).
- ▶ **Utilidades** (exportar datos, copias de seguridad).

De este modo, el entorno facilita que cada acción esté organizada y accesible en pocos clics.

1.1.1 Funciones básicas: alta, baja y consulta de registros

Las funciones básicas de un programa contable permiten realizar las operaciones más habituales del trabajo diario: registrar nuevos asientos, modificarlos, eliminarlos y consultarlos cuando sea necesario.

Funciones principales

1. **Alta de registros (asientos contables):**
   - Se utiliza para introducir nuevas operaciones (compras, ventas, pagos, cobros).
   - El programa guía al usuario indicando las cuentas a utilizar (Debe y Haber), la fecha y el concepto.

2. **Modificación de registros:**
   - Permite corregir errores detectados después de introducir un asiento.
   - Algunos programas obligan a generar un asiento de rectificación en lugar de modificar directamente, para garantizar la trazabilidad.

3. **Baja de registros:**
   - Consiste en eliminar un asiento, aunque en muchos programas no se borra de forma definitiva, sino que queda marcado como anulado para conservar la trazabilidad.

4. **Consulta de registros:**

- Ofrece herramientas de búsqueda por número de asiento, fecha, importe o cuenta contable.
- Facilita la localización de operaciones pasadas y el análisis de la evolución de las cuentas.

▌ EJEMPLO

Un usuario introduce un asiento de compra de material de oficina por 200 € + 42 € de IVA:

- ▼ Debe: 600 Compras → 200 €
- ▼ Debe: 472 IVA soportado → 42 €
- ▼ Haber: 400 Proveedores → 242 €

Posteriormente, detecta que el importe real era 250 € + IVA. El programa le permite modificar o anular el asiento y registrar el correcto.

1.1.2 Funcionalidades avanzadas: informes, exportación y seguridad

Además de registrar operaciones, los programas contables ofrecen funcionalidades avanzadas que facilitan el análisis de la información y la protección de los datos.

Funcionalidades destacadas

▼ **Informes automáticos:**

- Balances de situación.
- Cuenta de pérdidas y ganancias.
- Balance de comprobación de sumas y saldos.
- Informes personalizados (ventas por cliente, gastos por proveedor, etc.).

▼ **Exportación de datos:**

- Los programas permiten exportar información a formatos externos como **Excel, PDF o XML**.
- Esta función es útil para auditorías, informes a la dirección o declaraciones fiscales.

▶ **Seguridad:**

- Control de accesos mediante usuarios y contraseñas.
- Niveles de permisos: no todos los usuarios pueden acceder a todas las funciones.
- Registro de auditoría: se guarda un historial de quién hizo cada cambio.

EJEMPLO

Un contable necesita presentar a la dirección un informe con las ventas del primer trimestre. El programa genera automáticamente un **informe en PDF**, con gráficos y cifras, que puede enviarse por correo electrónico o integrarse en una presentación.

1.1.3 Comparativa entre programas contables más utilizados

Existen múltiples programas contables en el mercado, cada uno con características específicas. La elección dependerá del tamaño de la empresa, su sector y su presupuesto.

Programa	Características principales	Público objetivo
Sage 50	Interfaz moderna, integración con facturación y nóminas, uso en la nube	PYMES y despachos profesionales
A3ERP	Muy utilizado en asesorías, permite gestionar varias empresas y ejercicios	Asesorías y gestorías
ContaPlus	Clásico en España, sencillo de manejar, aunque ha quedado menos actualizado	PYMES y autónomos
Odoo (módulo contabilidad)	Software libre, personalizable, se integra con CRM y ERP	Empresas medianas y grandes con necesidades específicas
Holded	Programa en la nube, pensado para digitalización integral, incluye facturación y gestión de inventarios	Startups y pequeñas empresas digitales

Tabla 1.1. Comparativa básica

Cada programa tiene sus ventajas, y no existe uno "mejor" de forma absoluta. Lo importante es que el usuario sepa manejar las funciones comunes a todos: registro de asientos, informes, gestión de IVA y seguridad de los datos.

1.2 CREACIÓN Y GESTIÓN DE EMPRESAS EN LA APLICACIÓN

Cuando una empresa comienza a utilizar un programa contable, el **primer paso fundamental** consiste en dar de alta la entidad en el sistema. Este proceso no es simplemente rellenar unos datos, sino que implica sentar las bases de toda la información financiera que se gestionará: desde la estructura del plan de cuentas hasta la forma de presentar los impuestos.

Además, a lo largo de la vida de la empresa, será necesario **modificar y actualizar** ciertos datos. La contabilidad no es estática: cambian las normativas fiscales, se abren y cierran ejercicios, se producen reestructuraciones internas y, en ocasiones, se cometen errores que deben corregirse.

Este apartado desarrolla en profundidad cómo se realiza la **creación y gestión de empresas en la aplicación contable,** dividiéndolo en dos fases principales:

1. **Alta inicial y configuración de datos básicos.**

2. **Modificación de datos y gestión de ejercicios cerrados.**

Conocer y dominar estos procesos es clave para garantizar que los registros contables se ajusten a la normativa y reflejen con exactitud la realidad económica de la organización.

1.2.1 Alta de empresa y datos básicos

El alta de una empresa en un programa contable consiste en crear un **entorno propio** dentro de la aplicación, donde se guardará toda la información financiera de esa entidad de forma independiente.

Este paso es comparable a preparar un **expediente digital**, que incluirá los datos fiscales, administrativos y contables que servirán como referencia para todos los registros futuros. Una configuración inicial incorrecta puede acarrear graves consecuencias: facturas mal generadas, balances erróneos o liquidaciones fiscales incompletas.

Por eso, es esencial realizar el alta de forma meticulosa y revisada.

1.2.1.1 DATOS FISCALES Y ADMINISTRATIVOS

Los programas contables exigen introducir una serie de datos que identifican a la empresa:

- **Razón social:** nombre legal de la empresa (ejemplo: *"Construcciones López, S.A."*).

- **NIF o CIF:** número de identificación fiscal. Es obligatorio, ya que se incluye en todas las facturas y declaraciones.

- **Forma jurídica:** sociedad anónima, sociedad limitada, autónomo, cooperativa, etc.

- **Domicilio social:** dirección oficial registrada.

- **Datos de contacto:** teléfono, correo electrónico, página web.

- **Actividad económica (CNAE/IAE):** código que identifica el sector en el que opera la empresa.

Además, se deben introducir **parámetros fiscales clave**:

- Régimen de IVA (general, simplificado, recargo de equivalencia, etc.).

- Régimen de retenciones aplicables (IRPF, arrendamientos, profesionales).

- Modelos fiscales que la empresa está obligada a presentar (303, 390, 200, 190, entre otros).

EJEMPLO

La empresa **"Muebles Modernos, S.L."**, con CIF B12345678, se da de alta como sociedad limitada dedicada al comercio de muebles. Se registra su domicilio en Madrid, régimen general de IVA, y la obligación de presentar modelos 303 (trimestral de IVA) y 200 (Impuesto sobre Sociedades).

1.2.1.2 CONFIGURACIÓN INICIAL DEL EJERCICIO CONTABLE

Tras introducir los datos fiscales, el programa solicita configurar el **ejercicio contable**, que será el marco temporal en el que se registrarán las operaciones.

- **Fechas de inicio y fin del ejercicio:** en España, lo habitual es del 1 de enero al 31 de diciembre, aunque algunas empresas (por motivos de organización o estacionales) pueden tener ejercicios diferentes.

- **Moneda de trabajo:** normalmente, el euro (€), aunque los programas permiten configurar otras monedas si la empresa opera internacionalmente.

- **Plan General Contable (PGC):** se selecciona como referencia obligatoria. La mayoría de programas incluyen plantillas estándar adaptadas a la normativa española.

- **Datos iniciales del balance:** si la empresa ya existía anteriormente, es necesario importar saldos iniciales de clientes, proveedores, bancos y patrimonio.

EJEMPLO

"Muebles Modernos, S.L." inicia su ejercicio contable el 1 de enero de 2025 y lo finaliza el 31 de diciembre de 2025. Como ya existía en 2024, se introducen los saldos iniciales:

- Bancos: 5.000 €

- Proveedores: 8.000 €

- Capital social: 30.000 €

El programa reflejará automáticamente estos datos en el balance de apertura.

1.2.2 Modificación de datos de empresa

Una vez creada la empresa en el programa contable, puede ser necesario **modificar algunos datos**. Esto puede deberse a cambios legales, administrativos o contables. Las aplicaciones permiten actualizar esta información, pero siempre de forma controlada para evitar errores en los registros ya realizados.

1.2.2.1 ACTUALIZACIÓN DE INFORMACIÓN FISCAL

Los cambios fiscales más habituales son:

▼ Modificación del régimen de IVA (por ejemplo, pasar de recargo de equivalencia a régimen general).

▼ Inclusión o eliminación de retenciones.

▼ Cambios en los modelos fiscales a presentar.

EJEMPLO

Una empresa que antes estaba acogida al régimen simplificado de IVA pasa al régimen general. El contable debe modificar la configuración del programa para que todas las facturas nuevas incluyan IVA repercutido y soportado.

1.2.2.2 CAMBIOS EN LA CONFIGURACIÓN CONTABLE

Los cambios contables pueden estar relacionados con:

▼ Adaptación del plan de cuentas.

▼ Inclusión de nuevas subcuentas para mayor detalle.

▼ Modificación de criterios de amortización o provisiones.

EJEMPLO

Un restaurante decide abrir una subcuenta específica para separar "Ingresos por catering" de los ingresos generales por hostelería. El programa permite crear esta subcuenta para mejorar la información analítica.

1.2.2.3 GESTIÓN DE EJERCICIOS CERRADOS

Una vez cerrado un ejercicio, la normativa contable establece que los registros no deben modificarse, ya que han sido presentados a Hacienda y, en su caso, auditados.

▸ Los programas suelen **bloquear los asientos de ejercicios cerrados** para evitar cambios indebidos.

▸ Si se detecta un error en un ejercicio ya cerrado, la corrección debe hacerse en el ejercicio actual mediante un asiento de ajuste.

▌ **EJEMPLO**

En marzo de 2026, se detecta que en diciembre de 2025 se registró una compra de 2.500 € en lugar de 2.050 €. Como 2025 ya está cerrado, se hace un asiento corrector en 2026 para ajustar el saldo.

Proceso	Objetivo	Ejemplos
Alta de empresa	Crear el entorno inicial con datos fiscales, administrativos y contables	Registrar razón social, CIF, domicilio, régimen de IVA, fechas del ejercicio
Modificación de datos	Actualizar información por cambios administrativos, fiscales o contables	Cambiar régimen fiscal, crear nuevas subcuentas, ajustar datos de contacto
Gestión de ejercicios cerrados	Garantizar la seguridad y veracidad de la contabilidad ya presentada	Bloqueo de asientos, correcciones mediante ajustes en el ejercicio siguiente

Tabla 1.2. Alta vs Modificación de empresa en la aplicación

La creación y gestión de empresas en un programa contable es un proceso estratégico que va mucho más allá de rellenar un formulario. Supone definir la **identidad contable y fiscal de la empresa**, configurar su plan de trabajo y asegurar que los registros posteriores se ajusten a la realidad y a la normativa vigente.

El lector debe retener estas ideas clave:

- La **precisión en el alta inicial** evita errores futuros.

- Las **modificaciones deben realizarse con control** para mantener la coherencia de los datos.

- Los **ejercicios cerrados no se pueden alterar**, lo que garantiza la fiabilidad y trazabilidad de la contabilidad.

1.3 GESTIÓN DE CUENTAS

La gestión de cuentas es una de las tareas más relevantes dentro de cualquier aplicación contable. Todo el sistema de registro se apoya en la estructura que proporciona el **plan de cuentas**, y de su correcta organización dependerá que los informes financieros sean claros, fiables y útiles para la toma de decisiones.

El plan contable no es una simple lista de números y nombres: constituye la **columna vertebral de la contabilidad**, ya que define cómo se registran los activos, los pasivos, el patrimonio neto, los ingresos y los gastos de la empresa.

En un programa de contabilidad, la gestión de cuentas implica tres grandes funciones:

1. **Creación del plan de cuentas** (adaptado al Plan General de Contabilidad).

2. **Alta, codificación y gestión de cuentas y subcuentas**, que permiten detallar y personalizar los registros.

3. **Modificación y eliminación de cuentas**, siempre respetando las restricciones legales y técnicas que garantizan la integridad de los datos.

1.3.1 Creación del plan de cuentas

El **Plan General de Contabilidad (PGC)** es el modelo oficial que marca las normas en España. La mayoría de programas contables incluyen este plan como base predeterminada, pero permiten personalizarlo para adaptarse a las características específicas de cada empresa.

Crear un plan de cuentas correcto y bien estructurado es esencial porque:

▼ Facilita la introducción de asientos contables sin errores.

▼ Asegura la homogeneidad en los registros.

▼ Permite generar informes fiables y comparables en el tiempo.

▼ Ayuda a cumplir con las obligaciones legales y fiscales.

1.3.1.1   ADAPTACIÓN DEL PLAN GENERAL CONTABLE

El PGC organiza las cuentas en **grupos numerados del 1 al 9**. Cada grupo se divide en subgrupos, cuentas y subcuentas.

▼ **Grupos principales:**

- Grupo 1: financiación básica (capital social, reservas, préstamos).

- Grupo 2: activo no corriente (inmovilizado material, intangible, financiero).

- Grupo 3: existencias.

- Grupo 4: acreedores y deudores.

- Grupo 5: cuentas financieras.

- Grupo 6: compras y gastos.

- Grupo 7: ventas e ingresos.

- Grupo 8 y 9: cuentas específicas de contabilidad analítica.

▌ **EJEMPLO**

Una empresa de distribución puede trabajar con el PGC estándar, pero creando subcuentas más detalladas:

▼ 7000001 → Ventas nacionales.

▼ 7000002 → Ventas intracomunitarias.

▼ 7000003 → Exportaciones.

Esto le permitirá analizar sus ingresos por origen geográfico.

1.3.1.2 PERSONALIZACIÓN POR SECTORES O NECESIDADES ESPECÍFICAS

Cada sector económico tiene particularidades que hacen necesario personalizar el plan de cuentas.

- **Construcción:** subcuentas para cada obra o proyecto (existencias y gastos específicos).

- **Hostelería:** subcuentas separadas para ingresos por restaurante, catering, alojamiento, etc.

- **E-commerce:** distinción entre ventas nacionales, intracomunitarias y extracomunitarias.

EJEMPLO

Una clínica dental puede crear cuentas específicas como:

- 7050001 → Ingresos por tratamientos odontológicos.

- 7050002 → Ingresos por ortodoncia.

- 7050003 → Ingresos por higiene bucal.

De esta manera, al final del ejercicio, el informe de resultados mostrará qué área es más rentable.

1.3.2 Alta, codificación y gestión de cuentas y subcuentas

La **codificación contable** es el sistema que permite identificar de forma clara y ordenada cada cuenta. La codificación evita confusiones y asegura que cada operación quede registrada en el lugar adecuado.

Un programa contable permite **dar de alta nuevas cuentas o subcuentas** cuando la empresa necesita más detalle en sus registros. Esta flexibilidad es fundamental para que la contabilidad se adapte a la realidad de cada organización.

1.3.2.1 REGLAS DE CODIFICACIÓN Y NUMERACIÓN

El PGC establece una lógica jerárquica en la numeración de cuentas:

- ▼ Grupos: un dígito (1 a 9).

- ▼ Subgrupos: dos dígitos.

- ▼ Cuentas: tres dígitos.

- ▼ Subcuentas: cuatro o más dígitos, personalizadas según la necesidad de cada empresa.

EJEMPLO DE CODIFICACIÓN

- ▼ 57 → Tesorería.

- ▼ 572 → Bancos e instituciones de crédito.

- ▼ 5720001 → Banco Santander, cuenta corriente nº 1.

- ▼ 5720002 → Banco BBVA, cuenta corriente nº 2.

Este sistema permite diferenciar cuentas globales de subcuentas más específicas.

1.3.2.2 CLASIFICACIÓN POR GRUPOS Y SUBGRUPOS

La clasificación jerárquica ayuda a obtener información rápida y estructurada.

EJEMPLO

- ▼ Grupo 4: Acreedores y deudores.
  - • 400: Proveedores.
  - • 410: Acreedores varios.
  - • 430: Clientes.
  - • 436: Clientes de dudoso cobro.

Con esta clasificación, los informes mostrarán tanto una visión global como el detalle de cada tipo de operación.

1.3.2.3 EDICIÓN DE DESCRIPCIONES Y CONDICIONES ESPECIALES

No basta con un número: cada cuenta debe ir acompañada de una **descripción clara**. Además, los programas contables permiten añadir condiciones o etiquetas específicas.

EJEMPLO

Una empresa puede configurar la cuenta 430001 con la descripción "Cliente Juan Pérez – forma de pago 60 días". Esto permite al programa controlar vencimientos de facturas y generar avisos automáticos de cobro.

1.3.3 Modificación y eliminación de cuentas

El plan de cuentas debe ser estable, pero en la práctica pueden surgir situaciones que obliguen a **modificar o eliminar cuentas**. Estas operaciones deben hacerse con cautela, ya que afectan directamente a los balances y registros históricos.

1.3.3.1 RESTRICCIONES LEGALES Y TÉCNICAS

▸ **Restricciones legales:** una cuenta que ya contiene movimientos no puede eliminarse porque la contabilidad debe ser trazable.

▸ **Restricciones técnicas:** los programas suelen bloquear la eliminación de cuentas usadas, aunque permiten **desactivarlas** para que no se utilicen en el futuro.

1.3.3.2 IMPACTO EN BALANCES Y REGISTROS HISTÓRICOS

Modificar o unificar cuentas puede afectar a los informes financieros. Por eso, los programas suelen generar un historial para mantener la trazabilidad.

EJEMPLO

Una empresa decide unificar "Publicidad en prensa" y "Publicidad digital" en una sola cuenta "Publicidad". El programa no elimina los asientos antiguos, pero marca las cuentas anteriores como inactivas y consolida la información en los nuevos informes.

Proceso	Objetivo	Ejemplo
Alta de cuentas	Crear nuevas cuentas o subcuentas para registrar operaciones con más detalle	Alta de la subcuenta 430005 "Cliente Ana García"
Codificación	Identificar las cuentas siguiendo el PGC y mantener el orden	5720001 "Banco Santander"
Modificación	Adaptar el plan contable a nuevas necesidades o mejorar informes	Cambiar 629 "Publicidad digital" a una cuenta unificada "Publicidad"
Eliminación/ desactivación	Evitar el uso de cuentas obsoletas sin perder trazabilidad	Desactivar la cuenta 430010 tras la baja de un cliente

Tabla 1.3. Alta, modificación y eliminación de cuentas

La gestión de cuentas es mucho más que un ejercicio administrativo: constituye el **pilar sobre el que se sostiene la contabilidad**. Un plan de cuentas mal diseñado puede generar informes poco claros, dificultar la toma de decisiones y dar lugar a errores en las liquidaciones fiscales.

Por el contrario, una buena gestión de cuentas permite que la empresa disponga de información precisa, detallada y útil para su estrategia.

El lector debe comprender que:

1. El PGC es la referencia, pero puede y debe adaptarse.

2. La codificación asegura orden y claridad en los registros.

3. Las modificaciones y eliminaciones requieren cautela para no distorsionar balances históricos.

En definitiva, la gestión de cuentas es la herramienta que conecta la teoría contable con la práctica informática, asegurando que los programas contables reflejen fielmente la realidad económica de la empresa.

1.4 INSTALACIÓN Y ACTUALIZACIÓN DE APLICACIONES CONTABLES

La digitalización de la contabilidad ha supuesto un enorme avance para las empresas, pero también plantea un reto inicial: la correcta instalación y configuración del software contable. Un programa mal instalado, en un equipo que no cumple los requisitos técnicos, o que no se actualiza adecuadamente, puede dar lugar a errores graves:

- Pérdida de datos.
- Imposibilidad de presentar modelos fiscales.
- Bloqueos en el sistema por incompatibilidades.
- Vulnerabilidades de seguridad que expongan información sensible.

Por tanto, antes de comenzar a utilizar el programa contable, es imprescindible asegurarse de que el equipo cumple los requisitos **técnicos**, seguir un proceso ordenado de instalación y establecer una rutina de **actualización de** versiones y parches.

En este capítulo veremos de forma detallada:

- Los requisitos técnicos y de compatibilidad que debe reunir el entorno de trabajo.

- Los procesos de instalación paso a paso, explicados con ejemplos.

- La importancia de las actualizaciones periódicas, tanto para incorporar cambios normativos como para reforzar la seguridad.

El objetivo no es únicamente aprender a instalar un programa, sino comprender que este proceso constituye la base de una contabilidad segura, actualizada y fiable.

1.4.1 Requisitos técnicos y compatibilidad

Antes de instalar un programa contable, el contable o el responsable de sistemas debe asegurarse de que el equipo (ordenador, servidor o red de trabajo) cumple con los requisitos mínimos y recomendados por el fabricante.

No se trata de un paso menor: muchos errores de funcionamiento se deben a instalaciones en equipos que no reúnen las condiciones necesarias.

Requisitos habituales

1. **Hardware (equipo físico):**

   - Procesador: se recomienda, como mínimo, un Intel i5 o equivalente. En empresas grandes, con varios usuarios, conviene optar por procesadores más potentes (i7 o Ryzen 7).

   - Memoria RAM: 8 GB mínimo, aunque lo recomendable son 16 GB para entornos multiusuario.

   - Disco duro: al menos 20 GB libres, mejor en unidades SSD para mayor velocidad.

   - Conexión a internet: necesaria para actualizaciones, trabajo en la nube y validaciones fiscales.

2. **Sistema operativo:**

   - La mayoría de aplicaciones contables funcionan sobre Windows 10 o superior.

   - Algunos programas modernos permiten versiones para MacOS y Linux, aunque lo habitual es Windows.

   - En entornos corporativos se suele utilizar Windows Server para gestionar instalaciones multiusuario.

3. **Bases de datos y software adicional:**

   - Muchos programas utilizan Microsoft SQL Server u otras bases de datos.

   - Puede requerirse la instalación de .NET Framework, Java o controladores adicionales.

4. **Compatibilidad con red y multiusuario:**

   - En empresas con varios puestos, el programa debe poder instalarse en modo cliente-servidor.

   - Es fundamental garantizar que las conexiones a la base de datos estén cifradas y seguras.

EJEMPLO

La empresa **"Servicios Informáticos, S.L."** quiere instalar el software **A3ERP**. Antes de hacerlo, su técnico revisa el servidor:

▸ Sistema: Windows Server 2019.

▸ Memoria RAM: 16 GB.

▸ Disco duro SSD con 250 GB libres.

▸ Conexión a internet de fibra 600 MB simétricos.

El equipo cumple todos los requisitos, por lo que la instalación se realiza sin incidencias.

1.4.2 Procesos de instalación paso a paso

El proceso de instalación puede variar entre programas, pero casi todos siguen un esquema común. Es recomendable realizar la instalación con un usuario administrador del sistema y asegurarse de contar con conexión estable a internet y permisos adecuados.

Pasos generales de instalación

• PASO 1. **Descarga o soporte físico:**

▸ Puede realizarse desde la página web oficial del fabricante (ejemplo: Sage, A3ERP, Holded) o mediante soporte físico (CD o USB).

▸ Nunca se debe instalar desde páginas no oficiales, ya que existe riesgo de versiones manipuladas con malware.

• PASO 2. **Ejecución del instalador:**

▸ Se abre un asistente que guía al usuario.

▸ Se selecciona el idioma, la carpeta de destino y el tipo de instalación (básica, avanzada, en red).

- **PASO 3.** **Aceptación de licencia:**

  ▶ Es obligatorio aceptar las condiciones legales y de uso.

  ▶ Muchas aplicaciones incluyen cláusulas de protección de datos que el usuario debe cumplir.

- **PASO 4.** **Configuración inicial:**

  ▶ Elección de instalación en modo local (un solo equipo) o modo servidor (varios usuarios).

  ▶ Configuración del acceso a la base de datos (normalmente SQL).

- **PASO 5.** **Creación de accesos directos y usuarios:**

  ▶ El sistema genera accesos en el escritorio.

  ▶ Se crea un usuario administrador con contraseña segura, que gestionará permisos y accesos.

- **PASO 6.** **Primera ejecución y configuración:**

  ▶ El programa solicita los datos de la empresa (nombre, NIF, domicilio).

  ▶ Se puede cargar un plan contable estándar o importar el utilizado en ejercicios anteriores.

▌ **EJEMPLO**

La empresa **"Consultores Globales, S.L."** instala **Sage 50** en modo multiusuario:

  ▶ Se descarga el instalador desde la web oficial.

  ▶ Se selecciona "Instalación en servidor" para que varios empleados puedan acceder a la contabilidad.

  ▶ Se crea un usuario administrador con permisos de control total y usuarios limitados para el personal contable.

  ▶ En la primera ejecución se da de alta la empresa y se carga el Plan General Contable estándar.

1.4.3 Actualización de versiones y parches de seguridad

La instalación no es un proceso que se realice una sola vez. Todo programa contable debe mantenerse constantemente actualizado, tanto para corregir errores como para adaptarse a cambios legales.

Un software desactualizado puede dar problemas de tres tipos:

1. **Errores funcionales**: informes incompletos, fallos en cálculos, bloqueos.

2. **Problemas legales**: imposibilidad de presentar correctamente un modelo tributario si ha cambiado el formato exigido por Hacienda.

3. **Riesgos de seguridad**: exposición de datos financieros y personales a ciberataques.

Tipos de actualizaciones

1. **Actualizaciones de versión:**
   - Incluyen mejoras y nuevas funcionalidades.
   - Ejemplo: incorporación de módulos de facturación electrónica.

2. **Actualizaciones normativas:**
   - Se adaptan a cambios legales, como modificaciones en tipos de IVA o en el formato de los modelos fiscales.

3. **Parches de seguridad:**
   - Son pequeños archivos que corrigen vulnerabilidades.
   - Se publican con frecuencia y deben instalarse inmediatamente.

Procedimiento de actualización

1. **Realizar copia de seguridad previa.**
   - Es un paso imprescindible, ya que evita la pérdida de datos en caso de error en la actualización.

2. **Descargar la actualización desde fuentes oficiales.**

   - Generalmente desde la web del fabricante o mediante actualización automática.

3. **Ejecutar el instalador.**

   - Seguir el asistente paso a paso.
   - Reiniciar el sistema si el programa lo solicita.

4. **Verificar funcionamiento.**

   - Revisar que los datos de la empresa, los balances y las configuraciones se mantienen intactos.

▌ **EJEMPLO**

En 2012, el IVA general en España pasó del 18 % al 21 %. Los programas contables tuvieron que actualizarse de inmediato para que las facturas reflejaran el nuevo tipo impositivo. Una empresa que no actualizara su software corría el riesgo de emitir facturas con un IVA incorrecto y enfrentarse a sanciones fiscales.

Aspecto	Instalación inicial	Actualización
Objetivo	Poner en marcha el programa por primera vez	Mantener el programa vigente, seguro y legalmente adaptado
Proceso	Descarga, ejecución del instalador, configuración inicial	Copia de seguridad, descarga del parche/versión y actualización
Frecuencia	Una sola vez (inicio)	Varias veces al año, según cambios normativos y mejoras
Riesgos	Errores de compatibilidad, mala configuración inicial	Pérdida de datos si no se hacen copias previas, fallos en informes si no se aplica

Tabla 1.4. Instalación vs Actualización

Conclusión

La instalación y actualización de un programa contable no es un proceso secundario, sino el primer paso para garantizar la fiabilidad de toda la información financiera de la empresa.

El lector debe retener las siguientes ideas clave:

1. **Instalación correcta**: requiere un equipo adecuado, una configuración meticulosa y la creación de usuarios con permisos diferenciados.

2. **Actualización constante**: garantiza la adaptación a cambios normativos, la corrección de errores y la protección frente a ciberamenazas.

3. **Copias de seguridad**: deben realizarse siempre antes de actualizar, como salvaguarda ante imprevistos.

En definitiva, un programa mal instalado o desactualizado puede comprometer no solo la contabilidad de la empresa, sino también su cumplimiento legal y la seguridad de sus datos.

1.5 REALIZACIÓN DE COPIAS DE SEGURIDAD

La digitalización de la contabilidad ha supuesto una revolución en la manera de gestionar las finanzas de las empresas. Los programas contables permiten registrar operaciones con rapidez, generar informes en segundos y cumplir con las obligaciones fiscales de forma automatizada. Sin embargo, esta dependencia de la tecnología también implica riesgos: **toda la información contable se encuentra en formato digital, y si se pierde, la empresa se queda sin su memoria económica.**

Un fallo técnico, una avería en el disco duro, un ciberataque, un error humano o incluso un desastre físico como un incendio o una inundación pueden destruir años de registros en cuestión de minutos. En ese escenario, la única forma de recuperar la normalidad es disponer de una **copia de seguridad** actualizada.

Las copias de seguridad no deben considerarse una opción, sino una **obligación profesional y legal**. Sin ellas, la empresa puede enfrentarse a graves consecuencias: sanciones por incumplir la normativa de conservación de libros, imposibilidad de presentar declaraciones fiscales, pérdida de credibilidad ante terceros (bancos, auditores, socios) e incluso quiebra por no poder justificar su situación patrimonial.

En este apartado vamos a estudiar en profundidad:

1. La **importancia estratégica y legal** de las copias de seguridad.

2. Los **tipos de copias existentes** y sus características.

3. Los **procedimientos de recuperación de datos** en caso de pérdida o incidente.

El objetivo es que el lector comprenda que la contabilidad no solo consiste en registrar operaciones, sino también en **proteger esos registros** frente a cualquier eventualidad.

1.5.1 Importancia de las copias de seguridad en contabilidad

La contabilidad es el "lenguaje económico" de la empresa, y sus registros son documentos oficiales que deben conservarse durante varios años. La legislación mercantil en España (Código de Comercio, Ley de Sociedades de Capital y normativa fiscal) obliga a guardar libros, facturas y justificantes durante **un mínimo de 6 años**.

Por tanto, la pérdida de los datos contables no es solo un problema organizativo, sino también un **incumplimiento legal** que puede acarrear sanciones. Además, la ausencia de información fiable impide la gestión diaria de la empresa: no se pueden emitir informes, liquidar impuestos, reclamar deudas ni justificar la solvencia ante bancos o inversores.

Razones fundamentales:

1. **Cumplimiento normativo**

   - El Código de Comercio obliga a conservar los libros contables durante 6 años.

- La Ley General Tributaria exige que la documentación fiscal esté disponible para inspecciones.

- No disponer de registros puede derivar en multas y sanciones administrativas.

2. **Continuidad del negocio**

- Sin contabilidad, la empresa no puede calcular resultados ni tomar decisiones estratégicas.

- Una pérdida total de datos puede paralizar la actividad durante semanas.

3. **Protección frente a ciberataques**

- El ransomware cifra los archivos y exige un rescate para desbloquearlos.

- Con un backup reciente, la empresa puede restaurar sus datos sin ceder al chantaje.

4. **Prevención de errores humanos**

- Un empleado puede borrar archivos accidentalmente.

- Una copia de seguridad permite recuperar la información sin mayores consecuencias.

5. **Auditorías e inspecciones**

- Las auditorías externas requieren comprobar registros de años anteriores.

- Una empresa sin respaldo fiable puede ver cuestionada su seriedad y transparencia.

1.5.2 Tipos de copias de seguridad

Existen diferentes formas de realizar copias de seguridad. Cada una tiene ventajas e inconvenientes, y lo ideal es combinarlas en un **sistema mixto** que ofrezca rapidez, seguridad y disponibilidad en caso de emergencia.

Tipos principales

1. Copias manuales

- Realizadas por un usuario que guarda periódicamente los datos en un dispositivo externo (USB, disco duro portátil).
- Son fáciles de implementar, pero dependen de la disciplina del responsable.
- Riesgos: olvidos, pérdidas del dispositivo, almacenamiento inseguro.
- Ejemplo: un contable guarda cada viernes los archivos en un disco externo.

2. Copias automáticas

- El software realiza copias programadas sin intervención humana.
- Pueden configurarse diarias, semanales o tras cada sesión de trabajo.
- Garantizan regularidad y evitan el factor humano.
- Ejemplo: el programa contable crea una copia automática todas las noches a las 23:00.

3. Copias en la nube

- Los datos se almacenan en servidores externos a través de internet.
- Ventajas: protección frente a desastres físicos y acceso desde cualquier lugar.
- Riesgos: dependencia de internet y coste adicional.
- Ejemplo: la empresa utiliza Google Drive para guardar copias cifradas de sus balances.

4. Copias híbridas (mixtas)

- Combinan copias locales y en la nube.
- Son el sistema más recomendable porque aseguran acceso rápido y máxima protección.
- Ejemplo: la empresa guarda una copia local diaria y otra semanal en la nube.

Tipo de copia	Ventajas	Inconvenientes	Uso recomendado
Manual	Económica, fácil de implementar	Depende del usuario, riesgo de olvido	Autónomos o microempresas
Automática	Regularidad garantizada, sin esfuerzo	Necesita configuración inicial	PYMES y medianas empresas
En la nube	Seguridad frente a accidentes físicos, acceso remoto	Coste adicional, requiere internet	Empresas con información crítica
Híbrida	Combina rapidez y seguridad	Más compleja de gestionar	Todas las empresas que busquen máxima fiabilidad

Tabla 1.5. Cuadro comparativo

1.5.3 Procedimientos de recuperación de datos

Una copia de seguridad solo tiene valor si puede restaurarse correctamente. De nada sirve realizar copias si, llegado el momento, no se sabe cómo recuperar los datos o si la copia está corrupta.

Pasos para la recuperación:

- PASO 1. **Identificar el problema**

  ▸ Fallo de hardware (disco duro dañado).

  ▸ Archivos corruptos.

  ▸ Borrado accidental.

  ▸ Ataque informático.

- PASO 2. **Seleccionar la copia más adecuada**

  ▸ Se debe escoger la copia más reciente y válida.

  ▸ Es importante mantener un histórico de copias (no solo la última), ya que puede estar afectada.

• **PASO 3.** **Restaurar los datos**

  ▶ Usar la opción de "Restaurar copia" en el programa contable.

  ▶ Verificar que los archivos se cargan correctamente en el sistema.

• **PASO 4.** **Verificación**

  ▶ Comprobar balances, asientos y facturas recientes.

  ▶ Confirmar que no se han perdido operaciones importantes.

EJEMPLO

La empresa **"Logística Rápida, S.A."** sufre un secuestro de datos que bloquea todos sus archivos contables. Como contaba con una copia automática diaria en la nube, el técnico restaura los datos del día anterior en menos de una hora. La empresa solo pierde los registros de una mañana, que pueden introducirse de nuevo manualmente, evitando así consecuencias graves.

Conclusión

*La realización de copias de seguridad es un procedimiento **vital** para la seguridad y continuidad de la contabilidad en cualquier empresa. No es una opción ni un complemento, sino una práctica obligatoria que garantiza que la información económica pueda conservarse frente a cualquier contingencia.*

El lector debe tener claros tres principios básicos:

1. ***La obligación legal** de conservar los registros contables durante 6 años.*

2. ***La necesidad de sistemas híbridos de backup**, combinando copias locales y en la nube.*

3. ***La importancia de probar periódicamente la restauración**, porque una copia que no puede recuperarse equivale a no tener nada.*

*La contabilidad digital no se sostiene únicamente sobre registros correctos, sino también sobre un **sólido sistema de seguridad de datos** que asegure su conservación en el tiempo.*

2

Registro contable a través de aplicaciones informáticas

La contabilidad tiene como misión fundamental **registrar de forma ordenada, sistemática y verificable todos los hechos económicos que afectan a una empresa**. En la contabilidad tradicional, esta tarea se realizaba mediante libros físicos (diario, mayor, inventarios, etc.), lo que requería un esfuerzo manual enorme y estaba sujeto a errores humanos frecuentes.

Hoy en día, la **informatización** ha revolucionado este proceso. Las aplicaciones contables permiten llevar a cabo los registros de forma rápida, segura y con mayor trazabilidad. Cada asiento contable introducido en el programa queda automáticamente registrado en el libro diario, trasladado al libro mayor y disponible para informes, balances o liquidaciones de impuestos.

Sin embargo, el software no sustituye al conocimiento del contable. El programa es una herramienta:

- ▼ Facilita cálculos y comprobaciones.

- ▼ Automatiza procesos repetitivos.

- ▼ Genera informes complejos en segundos.

Pero es el usuario quien debe saber **qué cuentas utilizar, cómo registrar la operación** y **por qué hacerlo de esa forma**.

Este bloque nos permitirá aprender cómo se realiza el **registro de operaciones contables a través de aplicaciones informáticas**, empezando con la introducción de datos.

2.1 INTRODUCCIÓN DE DATOS CONTABLES

El registro contable constituye la **fase operativa esencial** en cualquier programa de contabilidad. Una vez que la empresa está creada en la aplicación y que su plan de cuentas ha sido configurado, llega el momento de introducir en el sistema los datos que reflejan la actividad económica real: compras, ventas, cobros, pagos, gastos financieros, nóminas, impuestos, entre otros.

La **introducción de datos contables** no es un simple trámite administrativo. Supone el **traslado de la realidad económica al lenguaje contable**, siguiendo los principios recogidos en el Plan General de Contabilidad (PGC) y aplicando la técnica de la partida doble. Cada operación registrada en el programa se convierte en un asiento contable que formará parte del libro diario y, automáticamente, se reflejará en el libro mayor, contribuyendo después a la elaboración de balances y cuentas anuales.

Este proceso exige una doble competencia:

1. **Técnica contable**, para identificar correctamente las cuentas afectadas y comprender el efecto de cada operación en la estructura patrimonial de la empresa.

2. **Manejo de la aplicación informática**, para utilizar de manera eficiente las herramientas del programa: búsqueda de cuentas, asientos predefinidos, plantillas de IVA, integración con facturación electrónica, entre otras.

El lector debe entender que introducir datos en un programa contable no es "pulsar teclas", sino **interpretar hechos económicos, traducirlos a términos contables y garantizar que queden registrados de forma ordenada, coherente y verificable**. Un error en esta fase puede arrastrarse a balances, declaraciones fiscales y estados financieros, con graves consecuencias para la empresa.

En los siguientes apartados se describirá cómo se estructura un asiento dentro de la aplicación, qué campos son imprescindibles, qué herramientas de ayuda proporcionan los programas y cómo se realiza el registro de operaciones básicas con ejemplos prácticos.

2.1.1 Importancia del registro informatizado

Registrar una operación en un programa contable no significa solo "teclear datos". Es el momento en el que el hecho económico de la empresa (una compra, una venta, un pago, un cobro, un préstamo, un gasto financiero, etc.) se convierte en información estructurada y verificable.

Cada asiento contable debe cumplir con los principios básicos establecidos en el **Plan General de Contabilidad (PGC)**, especialmente el de **partida doble**, que establece que:

Todo cargo en una cuenta (Debe) tiene su contrapartida en otra (Haber) por el mismo importe.

De este modo, el programa garantiza que la contabilidad esté siempre equilibrada.

2.1.2 Elementos de un asiento en la aplicación

Un asiento contable informatizado conserva la misma lógica que el manual, pero se estructura en una pantalla con campos definidos:

1. **Fecha de la operación**

   - Determina en qué ejercicio y periodo se registra.

   - Es esencial para la correcta periodificación de gastos e ingresos.

2. **Número de asiento**

   - El programa lo asigna automáticamente, siguiendo orden correlativo.

   - Esto asegura que los registros sean trazables y no se pierda ninguna operación.

3. **Cuenta contable**

   - El usuario selecciona la cuenta afectada.

   - El programa permite buscarla por código o por nombre.

4. Concepto

- Breve descripción que explica el motivo del asiento (Ejemplo: "Compra de mobiliario a crédito").

- Es fundamental para identificar rápidamente la operación en búsquedas futuras.

5. Importe en el Debe y en el Haber

- Debe coincidir en ambos lados para que el asiento sea válido.
- El programa impide guardar un asiento que no cuadre.

2.1.3 Proceso paso a paso

EJEMPLO: COMPRA DE MOBILIARIO POR 3.000 € A CRÉDITO

1. El contable abre la aplicación y selecciona "Nuevo asiento".

2. Introduce la fecha: 05/03/2025.

3. El programa asigna automáticamente el asiento nº 1.

4. Selecciona la cuenta **216 Mobiliario** y la registra en el Debe por 3.000 €.

5. Selecciona la cuenta **400 Proveedores** y la registra en el Haber por 3.000 €.

6. Escribe en el campo concepto: "Compra de mobiliario a crédito".

7. El sistema verifica que Debe = Haber (3.000 = 3.000) y permite guardar el asiento.

Resultado en pantalla:

Fecha	Nº Asiento	Cuenta	Debe (€)	Haber (€)	Concepto
05/03/2025	1	(216) Mobiliario	3.000	—	Compra de mobiliario
		(400) Proveedores	—	3.000	Deuda con proveedor

El asiento queda registrado y automáticamente se refleja en el libro mayor, mostrando el saldo actualizado de cada cuenta.

2.1.4 Herramientas de ayuda del software

Los programas contables incorporan funciones que hacen más sencillo el registro:

- ▶ **Búsqueda inteligente de cuentas:** basta con escribir "mobiliario" para que aparezca la cuenta 216.

- ▶ **Asientos predefinidos:** para operaciones habituales (compras con IVA, nóminas, pagos a proveedores).

- ▶ **Validación automática:** el programa no permite guardar un asiento descuadrado.

- ▶ **Integración con facturas electrónicas:** algunas aplicaciones leen la factura y generan automáticamente el asiento correspondiente.

- ▶ **Historial de modificaciones:** todo cambio queda registrado, indicando usuario, fecha y hora.

2.1.5 Comparación entre registro manual e informatizado

Aspecto	Contabilidad manual	Contabilidad informatizada
Velocidad	Lenta, requiere cálculos manuales	Rápida, con cálculos automáticos
Errores	Alta probabilidad de descuadres	El sistema impide guardar asientos incorrectos
Trazabilidad	Difícil, requiere revisar libros físicos	Fácil, búsquedas por fecha, cuenta o importe
Seguridad	Riesgo de pérdida física de los libros	Copias de seguridad digitales y en la nube
Flexibilidad	Cambios complicados, se anotan rectificaciones	Posibilidad de modificar o anular asientos sin perder trazabilidad

2.1.6 Ejemplo ampliado con IVA

Supuesto: la empresa compra material de oficina por 200 € + 42 € de IVA, a crédito.

Fecha	Nº Asiento	Cuenta	Debe (€)	Haber (€)	Concepto
10/03/2025	2	(600) Compras	200	—	Compra material oficina
		(472) IVA soportado	42	—	IVA deducible de compra
		(400) Proveedores	—	242	Deuda con proveedor

Tabla 2.1. Asiento en el programa contable

El programa calcula automáticamente el IVA y valida que Debe = Haber (200 + 42 = 242).

Conclusión

*La introducción de datos contables en aplicaciones informáticas es el **punto de partida operativo de la contabilidad digital**. Aunque el software agiliza el trabajo, el contable debe comprender los fundamentos contables para decidir correctamente qué cuentas intervienen en cada operación.*

El dominio de este proceso garantiza:

1. *Agilidad en el registro de operaciones.*

2. *Seguridad y reducción de errores.*

3. *Disponibilidad inmediata de balances e informes.*

4. *Cumplimiento normativo mediante trazabilidad y transparencia.*

En definitiva, la informatización convierte la contabilidad en una herramienta de gestión estratégica, pero requiere conocimiento técnico y criterio profesional para que los registros sean válidos y útiles.

2.2 UTILIDADES DE LOS ASIENTOS

En una aplicación contable moderna, el asiento ya no es solo una línea en el Diario: es un **objeto de datos** con ciclo de vida, controles, vínculos a documentos y trazabilidad total. Las utilidades asociadas al asiento (crear, modificar, copiar, eliminar/anular, renumerar y comprobar) permiten mantener la **imagen fiel** y la **integridad** de la contabilidad, a la vez que brindan agilidad operativa.

Este apartado cubre, paso a paso, cómo trabajar con asientos de forma profesional, cuándo usar cada utilidad, qué precauciones tomar y cómo documentar los cambios para superar auditorías internas y externas.

2.2.1 Ciclo de vida del asiento: visión general

1. **Borrador**: el asiento se captura (manual, plantilla, importación) y puede estar pendiente de validaciones.

2. **Publicado/Confirmado**: pasa las validaciones formales (Debe=Haber, cuentas existentes, periodo abierto) y afecta a mayor, saldos y libros.

3. **Ajustado/Rectificado**: se corrige mediante modificación controlada, asiento de ajuste o asiento de reversión.

4. **Bloqueado**: el periodo se cierra; el asiento queda no editable y solo admite correcciones en el periodo siguiente.

5. **Auditado**: conserva bitácora (quién, cuándo, qué cambió), documentos adjuntos y referencias externas.

Saber en qué estado está cada asiento determina qué utilidades están disponibles.

2.2.2 Creación de asientos

Crear asientos es la operativa básica. Aun así, conviene normalizar el proceso para reducir errores y ganar velocidad: plantillas, asientos recurrentes, calculadoras de IVA y validaciones previas.

Fuentes habituales de creación:

▸ **Manual**: entrada directa en Diario (fecha, cuentas, importes, concepto).

▸ **Plantillas/Asientos modelo**: preconfiguran cuentas y reglas (p. ej., compra con IVA).

▸ **Asientos recurrentes**: alquileres, cuotas de préstamos, seguros.

▸ **Importación**: CSV/Excel/Facturae/XML (ventas, compras, extractos bancarios).

▸ **Integración**: módulos de facturación, nóminas o inventario que generan asientos automáticos.

Campos clave y reglas:

▸ Fecha dentro de periodo abierto.

▸ Cuentas válidas según PGC y plan personalizado.

▸ Concepto claro y consistente (facilita búsquedas).

▸ Debe y Haber equilibrados.

▸ Terceros (cliente/proveedor) enlazados cuando aplique.

▸ Centro de coste/proyecto, si usas analítica.

EJEMPLOS

a) Compra con IVA a crédito

Fecha	Nº	Cuenta	Debe	Haber	Concepto
05/04/2025	1010	(600) Compras	1.000		Compra mercaderías
		(472) IVA soportado	210		IVA compra 21%
		(400) Proveedores		1.210	Deuda proveedor

b) Nómina (resumen)

Fecha	Nº	Cuenta	Debe	Haber	Concepto
30/04/2025	1035	(640) Sueldos y salarios	5.000		Devengos
		(476) Organismos SS acreedores		1.500	Cuotas SS
		(465) Remuneraciones pendientes de pago		3.500	Líquido trabajadores

c) Amortización mensual (lineal)

Fecha	Nº	Cuenta	Debe	Haber	Concepto
30/04/2025	1052	(681) Amort. inmovilizado	400		Cuota mensual máquina
		(281) Amort. acumulada		400	Contrapartida acumulada

Lista de verificación antes de Guardar:

▼ Periodo abierto.
▼ IVA configurado correctamente (tipo y base).
▼ Tercero asignado si aplica.
▼ Concepto claro y normalizado.
▼ Documentos adjuntos (factura, contrato, nómina) enlazados.

2.2.3 Modificación de asientos

Modificar es necesario, pero debe hacerse con **criterio y trazabilidad**. Distingue entre:

▼ **Edición directa** (permitida mientras el periodo esté abierto).

▼ **Rectificación mediante asiento** (preferible cuando la organización exige huella de auditoría).

▼ **Reversión** (generar asiento inverso completo y volver a registrar correcto).

Situación	Recomendación	Motivo
Error tipográfico en concepto	Modificación directa	No afecta saldos
Cambio de fecha dentro del mismo mes	Modificación directa (si política interna lo permite)	Mantiene coherencia mensual
Cambio de cuenta o importe	Asiento de rectificación o reversión	Preserva trazabilidad
Periodo cerrado	Ajuste en periodo siguiente	Prohibida la edición

Tabla 2.2. Cuándo usar cada método

EJEMPLOS

a) Rectificación de importe (de 300 a 350)

Cuenta	Debe (€)	Haber (€)
(628) Suministros	50,00	—
(400) Proveedores	—	50,00
Totales	**50,00**	**50,00**

b) **Reversión (inversión del asiento erróneo)**

Supongamos que el asiento erróneo fue:

Compra de material de oficina **500 €** + IVA **21 % (105 €)**, registrado equivocadamente como "Gastos de publicidad".

Cuenta	Debe (€)	Haber (€)
(627) Publicidad y propaganda	500	
(472) IVA soportado	105	
(400) Proveedores		605

Tabla 2.3. Asiento erróneo registrado (mal)

Cuenta	Debe (€)	Haber (€)
(400) Proveedores	605	
(627) Publicidad y propaganda		500
(472) IVA soportado		105

Tabla 2.4. Asiento de reversión (invierte el anterior)

Con esto se "neutraliza" el asiento incorrecto.

Registro correcto de la operación

Ahora registramos el asiento correcto:

Compra de material de oficina 500 € + IVA 21 % (105 €):

Cuenta	Debe (€)	Haber (€)
(629) Material de oficina (gasto)	500	
(472) IVA soportado	105	
(400) Proveedores		605

Resumen del procedimiento

1. **Reversión:** anulamos el asiento equivocado invirtiendo los importes.

2. **Re-registro:** registramos el asiento correcto en las cuentas que corresponden.

Resultado: la contabilidad refleja la operación real, dejando traza clara de la corrección.

2.2.4 Copia de asientos y asientos recurrentes

Ideal para **operaciones periódicas**: alquileres, renting, pólizas, cuotas de préstamos, servicios recurrentes.

Herramientas típicas:

- ⚐ **Duplicar**: copia el asiento y permite ajustar fecha e importes.

- ⚐ **Recurrencias**: define periodicidad (mensual, trimestral), fechas de inicio/fin, indexación a IPC o % de incremento.

- ⚐ **Variables**: el sistema solicita el dato variable (p. ej., intereses del mes) antes de generar.

EJEMPLOS

a) Alquiler mensual fijo 1.000

- • Programar recurrencia mensual día 1, 12 meses.
- • Adjuntar contrato en la primera ocurrencia.

b) Préstamo con interés variable

- • Recurrencia para principal fijo.
- • Plantilla de intereses donde el usuario introduce el importe cada mes.

Riesgos y mitigación

- ⚐ Cambios de importe no comunicados: configurar alertas de variación.

- ⚐ Duplicidad por generación doble: bloqueo si ya existe asiento similar en periodo.

2.2.5 Eliminación y anulación de asientos

Por control interno, lo habitual es **no borrar físicamente** los asientos, sino **anularlos** (borrado lógico) o **revertirlos**.

Políticas recomendadas:

- ⚐ Solo usuarios con rol adecuado pueden anular.

- ⚐ Motivo de anulación obligatorio.

- ⚐ Registro en bitácora: usuario, fecha, hora, IP (si aplica).

EJEMPLOS

a) Anulación de asiento duplicado

- Marcar asiento como anulado.
- Deja rastro para auditoría.

b) Error sustantivo en asiento publicado

- Reversión completa y nuevo asiento correcto.

Restricciones

▼ No se puede anular en periodos cerrados.

▼ Si hay impuestos liquidados, la corrección debe contemplar efectos en declaraciones.

2.2.6 Remuneración de asientos

Al insertar asientos atrasados o anular intermedios, la correlación numérica se altera. La **remuneración** reordena la secuencia.

Modos habituales:

▼ Por fecha y hora de operación.

▼ Por fecha contable.

▼ Por lote/importación.

Buenas prácticas:

▼ Ejecutar remuneración al cierre de mes.

▼ Guardar un reporte previo/posterior.

▼ No renumerar periodos ya auditados.

EJEMPLO

Inserción de asientos de marzo tras haber cargado abril: renumerar por fecha contable para restablecer la correlación.

2.2.7 Comprobación de asientos y validaciones

La comprobación automatizada evita errores materiales y de forma antes de cierres o liquidaciones.

Validaciones típicas:

- ▶ **Aritmética**: Debe = Haber.

- ▶ **Estructural**: cuentas existen y están activas; terceros obligatorios presentes.

- ▶ **Temporal**: fecha en periodo abierto; no salta a ejercicio erróneo.

- ▶ **Fiscal**: IVA con tipo válido; base e impuesto coherentes; claves SII si aplica.

- ▶ **Integridad**: no usar cuentas bloqueadas (p. ej., 555 sin justificar).

- ▶ **Analítica**: centros de coste obligatorios informados.

Flujos de revisión sugeridos:

1. Comprobación diaria: descuadres y cuentas inexistentes.

2. Pre-cierre mensual: IVA, 430/400 y 572 conciliados.

3. Pre-cierre trimestral: revisión de 555, 551, 410/400 y 430/436.

4. Pre-cierre anual: provisiones, amortizaciones, periodificaciones.

▌ **EJEMPLO DE INFORME DE ERRORES Y RESOLUCIÓN**

- ▶ Error: asiento 1215 con Debe ≠ Haber (diferencia 10).
  Acción: localizar línea faltante, completar contrapartida.

- ▶ Error: uso de 472 con tipo 10% sobre operación 21%.
  Acción: corregir tipo y recálculo automático de IVA.

2.2.8 Búsqueda, filtros y trazabilidad (bitácora)

Búsquedas útiles:

- ▼ Por rango de fechas, cuenta, importe, tercero, concepto.

- ▼ Por número de factura externa o referencia bancaria.

- ▼ Por adjuntos (p. ej., localizar asientos sin documento anexo).

Trazabilidad:

- ▼ Huella de auditoría: quién creó, modificó, anuló, cuándo y qué cambió.

- ▼ Enlace a documentos: factura escaneada, contrato, nómina, extracto.

- ▼ Referencias cruzadas: asiento contable ↔ factura de ventas/compras ↔ cobro/pago.

2.2.9 Trabajo masivo: importaciones y lotes

Para grandes volúmenes (p. ej., e-commerce) es esencial **importar** asientos o movimientos.

Formatos y mapeo:

- ▼ CSV/Excel con columnas: Fecha, Cuenta, Debe, Haber, Concepto, Tercero, IVA.

- ▼ Facturae/XML para facturas emitidas/recibidas.

- ▼ Mapeo y validación previa: tipos, longitudes, separadores decimales.

Validaciones antes de importar:

- ▼ Cuentas existentes y activas.
- ▼ Periodo abierto.
- ▼ Debe=Haber por asiento.
- ▼ Duplicados por combinación clave (fecha+tercero+número factura).

2.2.10 Operativa por periodos: bloqueos y cierres

▼ **Bloqueo de mes**: evita alteraciones retroactivas; permite ajustes con usuario supervisor.

▼ **Cierre trimestral**: alineado con liquidación de IVA.

▼ **Cierre anual**: bloquea edición; ajustes solo en ejercicio siguiente.

ⓘ **Regla**

Ninguna utilidad debe vulnerar un periodo bloqueado; las correcciones van al periodo vigente.

2.2.11 Buenas prácticas y errores frecuentes

Buenas prácticas:

▼ Usar plantillas para operaciones repetitivas.

▼ Adjuntar justificantes siempre.

▼ Normalizar conceptos (verbo + objeto + referencia).

▼ Ejecutar comprobaciones automáticas a diario.

▼ Renumerar al cierre mensual.

▼ Perfilar permisos por rol y activar bitácora.

Error	Consecuencia	Prevención
Registrar fuera de periodo	Distorsión de informes	Bloqueos y alertas de periodo
Usar cuentas genéricas (555)	Pérdida de trazabilidad	Políticas de cierre de 555 cada mes
IVA incoherente	Errores en modelo 303	Plantillas y tipos bloqueados
Eliminar sin rastro	Riesgo auditoría	Anulación/reversión, nunca borrado físico
Conceptos ambiguos	Dificulta búsqueda	Normalización de descripciones

Tabla 2.5. Errores frecuentes y prevención

2.2.12 Ejercicios guiados

a) Factura rectificativa de venta (abono parcial por devolución 10%).

Venta original: 2.000 + IVA 21% → 420

Rectificación: –200 base; –42 IVA

Asiento abono:

Cuenta	Debe	Haber
(700) Ventas	200	
(477) IVA repercutido	42	
(430) Clientes		242

Asiento erróneo registrado (mal contabilizado)

Fecha	Nº Asiento	Cuenta	Debe (€)	Haber (€)	Concepto
dd/mm/aaaa	XXX	(627) Publicidad y propaganda	500		Gasto registrado erróneamente
		(472) IVA soportado	105		IVA deducible (incorrecto)
		(400) Proveedores		605	Deuda con proveedor

• **PASO 1. Asiento de reversión (inversión del erróneo)**

Fecha	Nº Asiento	Cuenta	Debe (€)	Haber (€)	Concepto
dd/mm/aaaa	XXX+1	(400) Proveedores	605		Reversión asiento incorrecto
		(627) Publicidad y propaganda		500	Cancelación gasto mal registrado
		(472) IVA soportado		105	Cancelación IVA mal registrado

• PASO 2. Registro correcto de la operación

Fecha	Nº Asiento	Cuenta	Debe (€)	Haber (€)	Concepto
dd/mm/aaaa	XXX+2	(629) Material de oficina	500		Gasto de material de oficina
		(472) IVA soportado	105		IVA soportado correcto
		(400) Proveedores		605	Deuda con proveedor

2.2.13 Flujos operativos (esquema textual)

▶ Creación segura

1) Capturar → 2) Validar (cuentas/IVA/periodo) → 3) Adjuntar documento → 4) Publicar → 5) Comprobación diaria.

▶ Corrección

1) Detectar error → 2) Decidir: modificar/rectificar/revertir → 3) Ejecutar con trazabilidad → 4) Documentar motivo → 5) Revalidar.

▶ Cierre mensual

1) Conciliar bancos → 2) Revisar 430/400/476/475 → 3) Periodificaciones y amortizaciones → 4) Comprobaciones masivas → 5) Renumerar → 6) Bloquear.

2.2.14 Indicadores de calidad (KPIs) de la contabilidad operativa

▶ Porcentaje de asientos con adjunto documental.

▶ Tiempo medio desde documento a asiento publicado.

▶ Asientos rectificados sobre total (< 2–3% objetivo).

▶ Cuentas puente 555 saldadas a fin de mes (= 0).

▶ Incidencias de IVA por periodo (= 0).

▶ Asientos fuera de periodo (= 0 salvo ajustes aprobados).

Conclusión

Dominar las utilidades de los asientos es pasar de "registrar" a **gestionar profesionalmente** *la contabilidad. Con plantillas, controles, trazabilidad y buenas prácticas:*

- ▼ *Se reduce drásticamente el error humano.*

- ▼ *Se agilizan cierres y liquidaciones.*

- ▼ *Se fortalece la defensa ante auditorías.*

- ▼ *Se mejora la calidad de la información para la toma de decisiones.*

2.3 REGISTRO DE ASIENTOS CON CÁLCULO AUTOMÁTICO DEL IVA

El **Impuesto sobre el Valor Añadido (IVA)** es un tributo indirecto que grava el consumo de bienes y servicios. Para las empresas, su gestión es fundamental, ya que cada compra y venta debe registrarse correctamente con el fin de:

1. **Cumplir con la normativa fiscal**: la Agencia Tributaria exige que todas las operaciones se reflejen en los libros de IVA y que las declaraciones trimestrales y anuales sean correctas.

2. **Evitar sanciones**: un error en el registro del IVA puede derivar en liquidaciones incorrectas y, en consecuencia, en multas o recargos.

3. **Garantizar la fiabilidad de la contabilidad**: los saldos de IVA soportado (deducible) y repercutido (a ingresar) deben cuadrar con los importes declarados.

4. **Asegurar la transparencia en auditorías e inspecciones**: los revisores externos prestan especial atención al tratamiento del IVA.

En la contabilidad manual, este proceso era **lento y propenso a errores**: cada vez que se recibía o emitía una factura había que calcular a mano la base imponible, el tipo de IVA y la cuota. Hoy en día, las **aplicaciones contables automatizan estos cálculos**, siempre que el programa esté bien configurado.

Este apartado explica cómo se realiza el **registro de asientos con cálculo automático del IVA**, dividido en tres etapas:

- **Configuración del tipo impositivo en el programa**.
- **Automatización del cálculo del IVA soportado y repercutido**.
- **Revisión y rectificación de asientos de IVA**.

2.3.1 Configuración del tipo impositivo

Antes de registrar una sola operación, es imprescindible configurar correctamente los **tipos de IVA vigentes** en el programa. Esto garantiza que, al introducir la base imponible de una factura, el sistema calcule de manera automática la cuota del impuesto y la registre en la cuenta contable correspondiente.

Tipos de IVA en España

1. **IVA general (21 %)**: se aplica a la mayoría de bienes y servicios (electrodomésticos, tecnología, ropa, servicios profesionales comunes, etc.).

2. **IVA reducido (10 %)**: aplicable a hostelería, transporte de viajeros, alimentación en general, vivienda protegida, productos de farmacia no medicinales, etc.

3. **IVA superreducido (4 %)**: destinado a productos de primera necesidad como pan, leche, huevos, frutas, verduras, medicamentos, libros, periódicos y revistas.

4. **Operaciones exentas o no sujetas (0 %)**: educación, servicios médicos, operaciones financieras, seguros, arrendamiento de vivienda, entre otros.

Configuración en el software

Los programas contables suelen permitir:

- **Crear una tabla de tipos de IVA** con el porcentaje aplicable.

- Asociar a cada tipo de IVA su **cuenta contable**:
  - 472 IVA soportado (compras).
  - 477 IVA repercutido (ventas).

- Definir la **deducibilidad del IVA**: si el gasto genera derecho a deducción o no (ejemplo: vehículos de turismo de uso no exclusivo no permiten deducción del 100 % del IVA).
- Vincular productos o servicios habituales a un tipo de IVA por defecto.

EJEMPLO

La empresa configura en el programa:

- Tipo 21 % → cuenta 472/477.
- Tipo 10 % → cuenta 4721/4771.
- Tipo 4 % → cuenta 4722/4772.

Así, cuando se registre una factura de compra de 1.000 € con IVA al 21 %, el programa añadirá automáticamente 210 € a la cuenta 472 IVA soportado.

2.3.2 Automatización del IVA soportado y repercutido

Una vez configurados los tipos, el programa se encarga de **automatizar el cálculo del impuesto**. El contable solo introduce la base imponible y selecciona el tipo de IVA aplicable. El sistema calcula automáticamente la cuota y la refleja en las cuentas correspondientes.

IVA soportado

El **IVA soportado** es el impuesto pagado por la empresa en la compra de bienes y servicios. Siempre que sea deducible, la empresa podrá recuperarlo en la declaración trimestral.

EJEMPLO – COMPRA DE MERCANCÍAS

Cuenta	Debe (€)	Haber (€)	Concepto
(600) Compras	500	—	Adquisición de mercancías
(472) IVA soportado	105	—	IVA deducible de la compra
(400) Proveedores	—	605	Deuda con proveedor

Tabla 2.6. Factura: base imponible 500 €, IVA 21 % → 105 €, total 605 €.

El programa genera automáticamente los 105 € de IVA, evitando cálculos manuales.

IVA repercutido

El **IVA repercutido** es el impuesto que la empresa cobra a sus clientes en las ventas. Aunque lo recibe junto con el cobro de la factura, no es un ingreso propio, sino un impuesto que debe ingresar posteriormente en Hacienda.

▌ EJEMPLO – VENTA DE MERCANCÍAS

Cuenta	Debe (€)	Haber (€)	Concepto
(430) Clientes	1.210	—	Venta de mercancías a crédito
(700) Ventas	—	1.000	Ingreso por ventas
(477) IVA repercutido	—	210	IVA repercutido en venta

Tabla 2.7. Factura: base imponible 1.000 €, IVA 21 % → 210 €, total 1.210 €.

El programa calcula automáticamente los 210 € de IVA repercutido.

Ventajas de la automatización

1. **Rapidez**: evita cálculos manuales en cada factura.

2. **Reducción de errores**: se eliminan confusiones con porcentajes o importes.

3. **Uniformidad**: todos los usuarios aplican los mismos tipos configurados.

4. **Integración**: el programa alimenta directamente los libros de IVA y las liquidaciones periódicas.

5. **Seguridad fiscal**: disminuye el riesgo de sanciones por errores aritméticos.

2.3.3 Revisión y rectificación de asientos de IVA

Aunque los cálculos estén automatizados, el contable no debe confiarse. Es imprescindible **revisar periódicamente los asientos de IVA** para garantizar que reflejan fielmente la realidad de la empresa y cumplen con la normativa.

Procedimientos de revisión

1. **Conciliación entre Diario y Libros de IVA**: comprobar que lo registrado en las cuentas 472 y 477 coincide con los libros oficiales.

2. **Verificación de tipos aplicados**: asegurarse de que no se ha usado por error un tipo de IVA incorrecto.

3. **Revisión de operaciones exentas y no sujetas**: confirmar que cumplen con las condiciones legales (ejemplo: formación exenta de IVA).

4. **Control de deducibilidad**: algunos gastos con IVA no son deducibles (atenciones a clientes, parte proporcional de vehículos de turismo).

Rectificación de errores

Los errores deben corregirse con transparencia, respetando la trazabilidad.

EJEMPLO – RECTIFICACIÓN DE COMPRA MAL REGISTRADA

Se registró una compra de 1.000 € con IVA 10 % (100 €), pero debía ser con IVA 21 % (210 €).

Cuenta	Debe (€)	Haber (€)	Concepto
(472) IVA soportado	110	—	Ajuste de IVA soportado
(400) Proveedores	—	110	Rectificación factura compra

Tabla 2.8. Asiento de rectificación

Con este ajuste, el saldo de la cuenta 472 queda corregido.

Advertencias importantes

▶ Los **errores en el IVA tienen consecuencias fiscales inmediatas**. Una deducción indebida puede ser sancionada por Hacienda.

▶ Nunca debe manipularse un asiento para ocultar un error: la corrección debe ser transparente, mediante asiento o factura rectificativos.

▶ En las inspecciones, los técnicos revisan especialmente la coherencia de los libros de IVA y las declaraciones trimestrales.

Conclusión

El **cálculo automático del IVA** es una de las mayores ventajas de los programas contables. Gracias a él:

1. Los registros se realizan con rapidez y precisión.

2. Se reducen los errores humanos.

3. Se facilita el cumplimiento fiscal de la empresa.

Sin embargo, la automatización no exime de responsabilidad: el contable debe revisar y rectificar cuando sea necesario, asegurando que la información contable refleje la realidad económica y cumpla con la normativa tributaria.

2.4 OBTENCIÓN DE LIBROS CONTABLES

Los **libros contables** son el esqueleto documental de la contabilidad. Reflejan, por un lado, el detalle cronológico de los hechos (Libro Diario) y, por otro, la evolución de cada cuenta (Libro Mayor). En entornos informatizados, su obtención es un proceso automatizado, pero exige que la **captura de asientos** y los **controles previos** se hayan realizado con rigor.

Objetivos de este apartado:

▶ Entender qué es y cómo se genera el **Libro Diario**.

▶ Comprender la utilidad y obtención del **Libro Mayor**.

▰ Conocer **formatos de exportación** (PDF, Excel/CSV, XML) y su propósito.

▰ Aprender el proceso y requisitos para la **legalización de libros** ante el Registro Mercantil.

Antes de generar libros, el software debería superar estas comprobaciones:

1. Periodos abiertos/cerrados correctamente; 2) Debe=Haber por asiento y totales; 3) Plan de cuentas vigente; 4) IVA configurado y cuadrado; 5) Cuentas puente (555, 551) sin saldos injustificados; 6) Conciliación bancaria al día.

2.4.1 Libro Diario

Qué es y para qué sirve

El **Libro Diario** registra, día a día y de forma cronológica, todos los asientos contables de la empresa. Responde a "¿qué pasó y cuándo?". Es obligatorio y, junto con el Libro de Inventarios y Cuentas Anuales, debe legalizarse en el Registro Mercantil.

Contenido mínimo

▰ Fecha del asiento.
▰ Número correlativo.
▰ Cuentas afectadas (Debe/Haber).
▰ Importe de cada partida.
▰ Concepto (descripción clara y consistente).

Cómo obtenerlo en la aplicación (procedimiento tipo)

1. **Menú Informes/Libros → Libro Diario**.

2. **Rango temporal**: mensual, trimestral, anual o personalizado.

3. **Alcance**: todos los diarios o diarios auxiliares (si existen).

4. **Opciones**: mostrar conceptos, terceros, documentos adjuntos, centros de coste.

5. **Previsualización**: revisar totales Debe/Haber y muestreo de asientos.

6. **Generación**: exportar a PDF/Excel; guardar versión "para legalización" si el programa la ofrece.

EJEMPLO ILUSTRATIVO (EXTRACTO)

Fecha	Nº Asiento	Cuenta	Debe (€)	Haber (€)	Concepto
03/01/2025	00045	(600) Compras	1.000		Compra mercancías
		(472) IVA soportado	210		IVA 21%
		(400) Proveedores		1.210	A crédito
10/01/2025	00078	(572) Bancos	2.178		Cobro factura F-24
		(430) Clientes		2.178	Cobro a cliente

Tabla 2.9. Periodo: 01/01/2025–31/01/2025

Totales del periodo: Debe = 3.388 €; Haber = 3.388 €.

Verificaciones recomendadas antes de emitir

▸ No hay asientos descuadrados.

▸ Numeración correlativa sin huecos indebidos (o justificados por anulación).

▸ Periodificación, amortizaciones y provisiones del mes registradas.

▸ IVA del periodo revisado con sus libros auxiliares (soportado/repercutido).

Error	Consecuencia	Prevención
Fechas fuera de periodo	Distorsión de informes	Bloquear periodos cerrados
Falta de concepto	Pérdida de trazabilidad	Campo obligatorio y normalizado
Uso de cuentas inactivas	Inconsistencias	Validación previa de plan de cuentas
Asientos sin documento adjunto	Debilidad ante auditorías	Política de adjuntos obligatoria

Tabla 2.10. Errores frecuentes y cómo evitarlos

2.4.2 Libro Mayor

Qué es y para qué sirve

El **Libro Mayor** organiza los movimientos por cuenta, mostrando el saldo tras cada operación. Responde a "¿cómo evoluciona cada cuenta?". Aunque no es obligatorio legalizarlo, es imprescindible para control interno, conciliaciones y análisis.

Estructura típica (por cuenta)

- ▼ Cabecera de la cuenta (código y descripción).
- ▼ Movimientos: fecha, concepto, Debe, Haber.
- ▼ Saldo acumulado tras cada movimiento.
- ▼ Saldo inicial y saldo final del periodo.

Cómo obtenerlo en la aplicación

1. **Informes/Libros** → **Libro Mayor**.
2. Seleccionar **cuentas** (todas o rango: 400*, 430*, 572...).
3. Elegir **periodo** y si se incluyen **saldos iniciales**.
4. Opciones de detalle: terceros, analítica, documentos, desgloses.
5. Previsualizar y exportar a PDF/Excel según necesidad.

EJEMPLO POR CUENTAS (EXTRACTO)

(400) Proveedores

Fecha	Concepto	Debe (€)	Haber (€)	Saldo
05/01/2025	Compra mercaderías F-101		1.210	1.210 H
20/01/2025	Pago transferencia	1.210		0

(430) Clientes

Fecha	Concepto	Debe (€)	Haber (€)	Saldo
10/01/2025	Venta F-24	2.178		2.178 D
28/01/2025	Cobro por banco		2.178	0

(572) Bancos

Fecha	Concepto	Debe (€)	Haber (€)	Saldo
28/01/2025	Cobro cliente F-24	2.178		2.178 D
31/01/2025	Pago nóminas		6.850	−4.672 D

Usos habituales

- Conciliaciones con bancos y extractos.
- Control de saldos de clientes y proveedores.
- Revisión de cuentas puente y transitorias (555, 551).
- Análisis de gastos por naturaleza (62*, 63*, 64*).

2.4.3 Exportación a formatos electrónicos (PDF, Excel, XML)

Formato	Uso principal	Ventajas	Precauciones
PDF	Entrega formal, auditorías, archivo no editable	Integridad visual, fácil de firmar	Proteger con contraseña; evitar edición
Excel/CSV	Análisis, tablas dinámicas, conciliaciones	Flexible, filtrable, combinable con otras fuentes	Riesgo de cambios; bloquear celdas críticas
XML	Intercambio estructurado, integraciones, SII/ERPs	Legible por sistemas, validable con esquemas	Mantener esquema y codificación; control de versiones

Tabla 2.11. Propósito de cada formato

Buenas prácticas de exportación

- ▶ **Nomenclatura de archivos clara**: Empresa_A_LibroDiario_2025Q1_v1.pdf.

- ▶ **Metadatos**: incluir periodo, fecha de emisión, usuario que genera.

- ▶ **Control de integridad**: hash o firma para versiones oficiales.

- ▶ **Custodia**: conservar en repositorio seguro con copias de seguridad (on-premise + nube).

- ▶ **Trazabilidad**: registrar quién exportó, cuándo y con qué parámetros.

EJEMPLOS DE USO

- ▶ **PDF** para enviar a auditoría el Diario anual cerrado.

- ▶ **Excel** para conciliación bancaria y análisis de antigüedad de saldos (aging de clientes).

- ▶ **XML** para integración con sistema fiscal o reporte automatizado.

2.4.4 Legalización de libros ante el Registro Mercantil

En España, de conformidad con la normativa mercantil, las sociedades deben **legalizar anualmente** ante el Registro Mercantil los siguientes libros, entre otros:

- ▶ **Libro Diario**.

- ▶ **Libro de Inventarios y Cuentas Anuales** (incluye balance, pérdidas y ganancias, etc.).

El **Libro Mayor** no se legaliza, aunque su conservación y disponibilidad es esencial a efectos de control y auditoría.

Plazos orientativos

▶ La legalización debe realizarse, con carácter general, dentro de los cuatro meses siguientes al cierre del ejercicio (por ejemplo, cierre 31/12 → hasta el 30/04 del año siguiente).

▶ Es recomendable no apurar los plazos para disponer de tiempo ante incidencias técnicas.

Modalidad habitual

▶ Presentación telemática a través de la plataforma del Colegio de Registradores, utilizando certificado digital de representante.

▶ El software contable suele generar una salida específica para legalización, cumpliendo las especificaciones de formato exigidas por el Registro Mercantil.

Requisitos formales comunes

▶ Integridad y correlación de los asientos (sin huecos no justificados).

▶ Totales Debe/Haber coincidentes.

▶ Periodo claramente identificado.

▶ Ficheros en el formato y estructura aceptados por el Registro.

▶ Firma electrónica/certificado y, en su caso, justificante de tasas/aranceles.

Procedimiento tipo

1. Cierre contable del ejercicio y verificación de asientos (cuadres, periodificaciones, amortizaciones, provisiones, regularización de existencias).

2. Generación en el software de los ficheros del Libro Diario y del Libro de Inventarios y Cuentas Anuales en la modalidad "para legalización".

3. Firma electrónica del paquete de libros por el representante autorizado.

4. Presentación telemática y pago de aranceles.

5. Obtención del justificante y número/asiento de presentación.

6. Archivo y custodia del justificante y de los ficheros legalizados junto con las copias de seguridad.

Lista de verificación previa a la legalización

▼ Periodo bien delimitado y cerrado.

▼ Diario sin descuadres ni asientos incompletos.

▼ Revisión de cuentas transitorias (555, 551) y saldos excepcionales.

▼ Coincidencia de libros de IVA con Diario (si aplica).

▼ Documentación de soporte ordenada y enlazada.

▼ Comprobación de que el formato generado es el requerido por el Registro.

Incidencia	Causa típica	Solución
Rechazo por formato	Parámetros de exportación incorrectos	Regenerar en formato admitido por el Registro
Descuadre Debe/Haber	Ajuste pendiente o error de carga	Revisar asientos finales; ajustar y volver a generar
Plazo vencido	Presentación fuera de tiempo	Consultar con el Registro sobre subsanaciones y consecuencias
Numeración irregular	Anulaciones sin explicación	Documentar anulación y renumerar antes de generar
Falta de firma digital	Procedimiento incompleto	Firmar electrónicamente con certificado válido

Tabla 2.12. Incidencias habituales y solución

Conservación y trazabilidad

- ▰ Conservar los libros y justificantes **durante al menos 6 años** desde la última anotación.

- ▰ Mantener **copias de seguridad** (local y nube) y evidencias de integridad (hash, firma).

- ▰ Registrar **quién** generó y presentó los libros, **cuándo** y con **qué** ficheros.

Aspecto	Libro Diario	Libro Mayor	Legalización
Naturaleza	Cronológico	Por cuenta	Trámite registral
Obligación	Sí (legalización)	No (pero esencial)	Sí (Diario + Inventarios y CCAA)
Obtención	Informe estándar	Informe por cuentas/rangos	Salida "para legalización" del software
Uso	Evidencia de hechos	Control y análisis	Cumplimiento mercantil
Verificaciones	Debe=Haber; numeración	Saldos y conciliaciones	Formato, firma y plazo

Tabla 2.13. Cuadro comparativo: Diario vs. Mayor vs. Legalización

Conclusiones

1. *El **Libro Diario** y el **Libro Mayor** se obtienen de forma automática si la captura de asientos y los controles han sido rigurosos.*

2. *La **exportación** en distintos formatos responde a necesidades complementarias: formalidad (PDF), análisis (Excel/CSV) e integración (XML).*

3. *La **legalización** requiere disciplina de cierre, verificación previa y uso de la salida "para Registro" que ofrece el software.*

4. *La **custodia** y la **trazabilidad** (firmas, hash, bitácora, copias de seguridad) refuerzan la seguridad jurídica y la respuesta ante auditorías.*

2.5 ASIENTOS PREDEFINIDOS PARA OPERACIONES HABITUALES

En la práctica contable, existen determinadas operaciones que se repiten con frecuencia en todas las empresas: compras, ventas, nóminas, amortizaciones, provisiones, gastos financieros, entre otras. Registrar manualmente cada asiento de este tipo supondría una pérdida de tiempo y aumentaría el riesgo de errores.

Para agilizar la gestión, los programas contables incluyen la posibilidad de trabajar con **asientos predefinidos**. Estos son plantillas que ya contienen la estructura básica de la operación (cuentas, disposición en el Debe y el Haber, incluso tipos de IVA) y que el usuario solo debe completar con los importes y, en ocasiones, con el tercero implicado (proveedor, cliente, trabajador, banco).

El objetivo de los asientos predefinidos es:

1. **Agilizar el registro contable**, reduciendo el tiempo dedicado a operaciones rutinarias.

2. **Minimizar errores**, ya que las cuentas se encuentran preseleccionadas según el PGC y las necesidades de la empresa.

3. **Garantizar uniformidad**, de modo que todas las operaciones similares se registren siempre con la misma estructura.

4. **Facilitar la formación**, ya que los nuevos empleados pueden usar los modelos como referencia hasta interiorizar la mecánica contable.

En este apartado veremos los asientos predefinidos más habituales en la práctica diaria de cualquier organización.

2.5.1 Compras

Las compras son operaciones básicas en cualquier empresa, especialmente en aquellas dedicadas al comercio o la producción. Pueden corresponder a adquisición de mercaderías, materias primas, material de oficina u otros bienes y servicios necesarios para la actividad.

El asiento predefinido para compras incluye generalmente:

- La cuenta de **gasto o existencias** (600, 601, 602, etc.).
- La cuenta de **IVA soportado** (472).
- La cuenta de **proveedores** (400) o la de tesorería (572, si es al contado).

EJEMPLO 1 – COMPRA DE MERCADERÍAS A CRÉDITO

Cuenta	Debe (€)	Haber (€)	Concepto
(600) Compras de mercaderías	1.000	—	Compra mercaderías
(472) IVA soportado	210	—	IVA deducible
(400) Proveedores	—	1.210	Factura pendiente de pago

Tabla 2.14. Factura: 1.000 € + IVA 21 % (210 €).

EJEMPLO 2 – COMPRA DE MATERIAL DE OFICINA AL CONTADO

Cuenta	Debe (€)	Haber (€)	Concepto
(629) Material de oficina	500	—	Material oficina
(472) IVA soportado	105	—	IVA soportado
(572) Bancos	—	605	Pago transferencia

Tabla 2.15. Factura: 500 € + IVA 21 % (105 €).

2.5.2 Ventas

Las ventas constituyen el ingreso principal de las empresas. Pueden ser al contado o a crédito, con o sin IVA, y en ocasiones están sujetas a operaciones especiales (ventas intracomunitarias, exportaciones, etc.).

El asiento predefinido de ventas contempla:

- La cuenta de **ingresos por ventas** (700, 701, 702, etc.).
- La cuenta de **IVA repercutido** (477).
- La cuenta de **clientes** (430) o tesorería (572).

EJEMPLO 1 – VENTA A CRÉDITO

Cuenta	Debe (€)	Haber (€)	Concepto
(430) Clientes	2.420	—	Venta a crédito
(700) Ventas de mercaderías	—	2.000	Ingreso por ventas
(477) IVA repercutido	—	420	IVA repercutido

Tabla 2.16. Factura: 2.000 € + IVA 21 % (420 €).

EJEMPLO 2 – VENTA AL CONTADO

Cuenta	Debe (€)	Haber (€)	Concepto
(572) Bancos	1.210	—	Cobro inmediato
(700) Ventas de mercaderías	—	1.000	Venta mercaderías
(477) IVA repercutido	—	210	IVA repercutido

Tabla 2.17. Factura: 1.000 € + IVA 21 % (210 €).

2.5.3 Nóminas y Seguridad Social

El pago de salarios y cotizaciones a la Seguridad Social constituye otra operación habitual y recurrente en todas las empresas. Los asientos predefinidos ayudan a simplificar su complejidad, ya que intervienen varias cuentas: sueldos, retenciones de IRPF, cuotas de Seguridad Social a cargo de empresa y trabajadores, etc.

▌ EJEMPLO – NÓMINA MENSUAL DE UN TRABAJADOR

Salario bruto: 1.500 €

Retención IRPF: 150 €

Seguridad Social a cargo del trabajador: 95 €

Seguridad Social a cargo de la empresa: 400 €

Salario neto a percibir: 1.255 €

1. Registro de la nómina (devengo):

Cuenta	Debe (€)	Haber (€)	Concepto
(640) Sueldos y salarios	1.500	—	Retribución bruta
(642) Seguridad Social a cargo de la empresa	400	—	Cuota patronal
(4751) Hacienda Pública acreedora por retenciones	—	150	Retención IRPF
(476) Organismos SS acreedores	—	495	Seg. Social total (400+95)
(465) Remuneraciones pendientes de pago	—	1.255	Salario líquido

2. Pago de la nómina (neto):

Cuenta	Debe (€)	Haber (€)	Concepto
(465) Remuneraciones pendientes de pago	1.255	—	Pago nómina
(572) Bancos	—	1.255	Transferencia

2.5.4 Amortizaciones y provisiones

Las amortizaciones y provisiones se registran periódicamente para reflejar la depreciación de los activos y la existencia de riesgos o pérdidas futuras.

EJEMPLO 1 – AMORTIZACIÓN DE MAQUINARIA

Coste de la máquina: 12.000 €
Vida útil: 6 años → cuota anual = 2.000 €

Cuenta	Debe (€)	Haber (€)	Concepto
(681) Amortización del inmovilizado material	2.000	—	Amortización anual
(281) Amortización acumulada inmovilizado material	—	2.000	Contrapartida amortización

EJEMPLO 2 – PROVISIÓN POR INSOLVENCIA DE CLIENTES

Cliente con deuda de 5.000 € de difícil cobro.

Cuenta	Debe (€)	Haber (€)	Concepto
(694) Pérdidas por deterioro de créditos	5.000	—	Previsión insolvencia
(490) Provisión insolvencias	—	5.000	Contrapartida provisión

2.5.5 Gastos financieros y bancarios

Las empresas soportan con frecuencia gastos derivados de préstamos, pólizas de crédito, comisiones bancarias, etc. Son operaciones habituales y conviene registrarlas mediante asientos predefinidos.

EJEMPLO 1 – INTERESES DE PRÉSTAMO

Factura de intereses: 300 €.

Cuenta	Debe (€)	Haber (€)	Concepto
(662) Intereses de deudas	300	—	Intereses préstamo
(572) Bancos	—	300	Cargo bancario

EJEMPLO 2 – COMISIÓN BANCARIA

Comisión de mantenimiento: 25 €.

Cuenta	Debe (€)	Haber (€)	Concepto
(626) Servicios bancarios y similares	25	—	Comisión mantenimiento
(572) Bancos	—	25	Cargo en cuenta

Los **asientos predefinidos** constituyen una herramienta esencial en la contabilidad informatizada. Gracias a ellos:

▸ Se gana rapidez en el registro de operaciones frecuentes.
▸ Se garantiza uniformidad y coherencia en la contabilidad.
▸ Se reducen errores humanos y se facilita el cumplimiento normativo.

El lector debe practicar con estos modelos hasta familiarizarse con las operaciones básicas de la empresa, comprendiendo que detrás de cada asiento existe una operación económica real.

2.6 REGULARIZACIÓN O LIQUIDACIÓN DEL IVA

El **Impuesto sobre el Valor Añadido (IVA)** es un tributo indirecto que afecta a prácticamente todas las operaciones de compra y venta de bienes y servicios en España. Para las empresas, su correcta gestión es fundamental, ya que el IVA repercutido (el que se cobra a los clientes) y el IVA soportado (el que se paga a los proveedores) deben declararse periódicamente a la Agencia Tributaria.

La **liquidación del IVA** consiste en calcular la diferencia entre el IVA repercutido y el IVA soportado deducible:

Concepto	Explicación	Fórmula
IVA repercutido	Es el IVA que la empresa cobra a sus clientes en sus ventas	—
IVA soportado	Es el IVA que la empresa paga a sus proveedores en sus compras (deducible)	—

Concepto	Explicación	Fórmula
Liquidación del IVA	Diferencia entre el IVA repercutido y el IVA soportado. Si el resultado es positivo, se ingresa en Hacienda; si es negativo, se puede compensar o solicitar devolución	**IVA a ingresar (o devolver) = IVA repercutido – IVA soportado**

▼ Si el resultado es **positivo**, la empresa debe ingresar la diferencia en Hacienda.

▼ Si el resultado es **negativo**, la empresa tiene derecho a compensarlo en declaraciones futuras o a solicitar devolución (según corresponda).

Para poder llegar a esta liquidación, el programa contable genera de forma automática dos libros auxiliares: **Libro de IVA soportado** y **Libro de IVA repercutido**, a partir de los asientos introducidos en el Diario.

2.6.1 Libro de IVA soportado

El **Libro de IVA soportado** recoge todas las cuotas de IVA que la empresa ha pagado a sus proveedores y que son deducibles en la liquidación trimestral o anual.

Su importancia radica en que sirve de **justificación documental** frente a Hacienda: permite demostrar que las cuotas deducidas corresponden a facturas válidas y cumplen los requisitos legales.

Estructura habitual

Cada asiento relacionado con compras genera automáticamente un registro en el Libro de IVA soportado con los siguientes campos:

▼ Fecha de la factura.
▼ Número y serie de la factura.
▼ Nombre o razón social del proveedor.
▼ NIF del proveedor.
▼ Base imponible.
▼ Tipo de IVA aplicado.
▼ Cuota de IVA soportado.
▼ Total factura.

EJEMPLO DE EXTRACTO DEL LIBRO DE IVA SOPORTADO

Fecha	Factura	Proveedor	NIF	Base (€)	IVA (%)	Cuota (€)	Total (€)
05/01/2025	F-2025/015	Suministros S.A.	A12345678	1.000	21 %	210	1.210
20/01/2025	F-2025/043	Oficina y Papelería SL	B98765432	500	21 %	105	605
Totales				1.500		315	1.815

2.6.2 Libro de IVA repercutido

El **Libro de IVA repercutido** recoge las cuotas de IVA que la empresa ha facturado a sus clientes. Aunque la empresa lo cobra, este importe **no le pertenece**, sino que debe ingresarlo en Hacienda en la liquidación periódica.

Estructura habitual

Cada asiento de ventas genera automáticamente un registro en este libro con los siguientes datos:

- Fecha de la factura.
- Número y serie de la factura.
- Nombre o razón social del cliente.
- NIF del cliente.
- Base imponible.
- Tipo de IVA aplicado.
- Cuota de IVA repercutido.
- Total factura.

▌ **EJEMPLO DE EXTRACTO DEL LIBRO DE IVA REPERCUTIDO**

Fecha	Factura	Cliente	NIF	Base (€)	IVA (%)	Cuota (€)	Total (€)
10/01/2025	V-2025/055	Cliente Mayorista SL	B22222222	2.000	21 %	420	2.420
28/01/2025	V-2025/078	Cliente Minorista SA	A33333333	1.500	10 %	150	1.650
Totales				3.500		570	4.070

2.6.3 Modelos oficiales de liquidación (303, 390)

Los libros de IVA soportado y repercutido son la base para cumplimentar los **modelos oficiales de liquidación**.

▸ **Modelo 303:** declaración trimestral del IVA.

▸ **Modelo 390:** declaración-resumen anual del IVA.

Procedimiento en la práctica contable informatizada

1. El programa calcula automáticamente el IVA repercutido y soportado del periodo.

2. Se genera un informe de liquidación, indicando si el resultado es positivo (a ingresar) o negativo (a compensar).

3. Los datos se trasladan al modelo 303, que se presenta telemáticamente ante la Agencia Tributaria.

4. Al final del ejercicio, se elabora el modelo 390, que resume todas las operaciones del año.

EJEMPLO DE CÁLCULO DE LIQUIDACIÓN TRIMESTRAL (MODELO 303)

- IVA repercutido total: 570 €
- IVA soportado deducible: 315 €
- Resultado de la liquidación:

570–315=255€ (a ingresar en Hacienda)570 – 315 = 255 \, € \quad \ text{(a ingresar en Hacienda)}570–315=255€(a ingresar en Hacienda).

2.6.4 Cuadres y conciliaciones de IVA

Antes de presentar la liquidación, es imprescindible realizar un proceso de **cuadre y conciliación** para garantizar que los importes declarados coinciden con la contabilidad.

Procedimiento habitual

1. Verificar que todos los asientos de compras y ventas del periodo llevan asignado el tipo de IVA correcto.

2. Conciliar el total de IVA repercutido (cuenta 477) con el libro de IVA repercutido.

3. Conciliar el total de IVA soportado (cuenta 472) con el libro de IVA soportado.

4. Comprobar que las facturas exentas o no sujetas están correctamente justificadas.

5. Revisar que el saldo final en la cuenta de IVA coincide con el resultado a ingresar o devolver.

EJEMPLO DE CONCILIACIÓN

Concepto	IVA Soportado (€)	IVA Repercutido (€)
Sumas en libros auxiliares	315	570
Sumas en cuentas contables (472, 477)	315	570
Diferencias detectadas	0	0

Resultado: conciliación correcta → se puede presentar la liquidación.

La **regularización o liquidación del IVA** es una de las tareas más sensibles de la contabilidad. Una correcta gestión implica:

▼ Tener bien configurados los tipos de IVA en el programa.

▼ Registrar todas las facturas con su correspondiente asiento.

▼ Revisar y conciliar los libros auxiliares con las cuentas contables.

▼ Cumplir puntualmente con las declaraciones trimestrales (303) y el resumen anual (390).

La informatización de este proceso aporta rapidez y seguridad, pero el contable debe mantener una actitud crítica y revisora, ya que los errores en el IVA son de los más perseguidos por la Administración Tributaria.

2.7 ELABORACIÓN DE ESTADOS CONTABLES

El ciclo contable de una empresa no termina con el registro de operaciones en el diario y su traslado al mayor. El verdadero objetivo de la contabilidad es **proporcionar información estructurada y fiable** para la toma de decisiones internas y para el cumplimiento de las obligaciones legales frente a terceros (socios, administraciones públicas, inversores, acreedores, etc.).

Esa información se resume y presenta mediante los **estados contables**, que constituyen la parte final del proceso contable. A través de ellos, la dirección conoce si la empresa ha obtenido beneficios o pérdidas, cuál es su situación patrimonial, cómo se financia y cómo ha evolucionado en el ejercicio económico.

El proceso de elaboración de estados contables incluye:

1. La **comprobación previa** mediante un **balance de sumas y saldos**.

2. El **cierre del ejercicio**, que implica regularizar las cuentas de gestión y calcular el resultado del ejercicio.

3. La **obtención de las cuentas anuales**, compuestas por el **Balance de situación**, la **Cuenta de pérdidas y ganancias** y la **Memoria contable** (y, en empresas grandes, también el Estado de cambios en el patrimonio neto y el Estado de flujos de efectivo).

4. Finalmente, la **apertura de la contabilidad** en el nuevo ejercicio, trasladando saldos iniciales.

2.7.1 Balance de comprobación de sumas y saldos

El **balance de comprobación de sumas y saldos** es una herramienta intermedia que permite verificar que la contabilidad está correctamente registrada. No es un documento obligatorio para presentar, pero sí es esencial para los contables, ya que sirve de punto de control antes de realizar el cierre.

Características

▶ Se elabora normalmente al final de cada trimestre y siempre al cierre del ejercicio.

▶ Contiene todas las cuentas utilizadas, con sus sumas acumuladas en el Debe y en el Haber, y el saldo final resultante.

▶ Permite detectar descuadres, errores en asientos o cuentas sin saldo que deberían estar compensadas.

EJEMPLO SIMPLIFICADO

Nº cuenta	Nombre de la cuenta	Suma Debe (€)	Suma Haber (€)	Saldo Deudor (€)	Saldo Acreedor (€)
216	Mobiliario	3.000	—	3.000	—
400	Proveedores	—	3.000	—	3.000
Totales	—	3.000	3.000	3.000	3.000

El balance está **cuadrado** → Debe = Haber.

2.7.2 Cierre del ejercicio

El cierre del ejercicio contable consiste en **detener la contabilidad de un año** (generalmente del 1 de enero al 31 de diciembre) y preparar los estados financieros definitivos. Este proceso incluye la **regularización de las cuentas de gestión** (ingresos y gastos) y el cálculo del **resultado del ejercicio** (beneficio o pérdida).

2.7.2.1 REGULARIZACIÓN DE CUENTAS DE GESTIÓN

Las **cuentas de gestión** (grupos 6 y 7 del PGC) reflejan ingresos y gastos del ejercicio. En el cierre:

▼ Se cancelan sus saldos trasladándolos a la **cuenta de pérdidas y ganancias (129)**.

▼ De este modo, las cuentas de ingresos y gastos quedan a cero para empezar el nuevo ejercicio.

EJEMPLO

▼ Ingresos (700): 50.000 €

▼ Gastos (600 + 640): 40.000 €

▼ Resultado = 10.000 € (beneficio).

2.7.2.2 ASIENTO DE PÉRDIDAS Y GANANCIAS

Se registran los ingresos y gastos para determinar el resultado:

Cuenta	Debe (€)	Haber (€)
(700) Ventas	50.000	—
(600) Compras	—	25.000
(640) Sueldos y salarios	—	15.000
(129) Resultado del ejercicio	—	10.000

El saldo de la cuenta 129 será positivo (beneficio) o negativo (pérdida).

2.7.3 Obtención de cuentas anuales

Las **cuentas anuales** son los estados contables que resumen la situación patrimonial, económica y financiera de la empresa al cierre del ejercicio. Están reguladas en el Código de Comercio y en el Plan General de Contabilidad.

Se componen de:

⚑ **Balance de situación.**

⚑ **Cuenta de pérdidas y ganancias.**

⚑ **Memoria contable.**
(En empresas grandes, también el ECPN y el EFE).

2.7.3.1 BALANCE DE SITUACIÓN

Muestra el **patrimonio de la empresa** en una fecha determinada.

Estructura:

⚑ **Activo:** bienes y derechos (inmovilizado, existencias, clientes, bancos).

⚑ **Pasivo:** deudas y obligaciones (proveedores, préstamos, acreedores).

⚑ **Patrimonio neto:** aportaciones de socios y beneficios acumulados.

EJEMPLO RESUMIDO

Activo	Pasivo y Patrimonio neto
Inmovilizado: 50.000 €	Patrimonio neto: 40.000 €
Existencias: 10.000 €	Pasivo no corriente: 30.000 €
Clientes: 15.000 €	Proveedores: 25.000 €
Bancos: 20.000 €	
Total Activo: 95.000 €	**Total Pasivo y Patrimonio: 95.000 €**

2.7.3.2 CUENTA DE PÉRDIDAS Y GANANCIAS

Recoge ingresos y gastos del ejercicio, mostrando el resultado final.

EJEMPLO

Ingresos por ventas	50.000 €
Gastos (compras, personal, suministros)	40.000 €
Beneficio	**10.000 €**

2.7.3.3 MEMORIA CONTABLE

Es el documento explicativo que complementa el balance y la cuenta de resultados. Incluye:

- ▼ Criterios contables aplicados (amortizaciones, provisiones, IVA).
- ▼ Detalles de partidas significativas (endeudamiento, inmovilizado, operaciones vinculadas).
- ▼ Hechos posteriores al cierre.

Es obligatoria, incluso para pymes que presentan cuentas abreviadas (aunque en forma reducida).

2.7.4 Apertura de la contabilidad

El **asiento de apertura** consiste en trasladar los saldos del cierre del ejercicio anterior al nuevo periodo contable.

- ▼ El **activo** se abre en el **Debe**.
- ▼ El **pasivo y patrimonio neto**, en el **Haber**.

▌ **EJEMPLO**

Del cierre 2025 resultaron los siguientes saldos:

- ▼ Activo: 95.000 €
- ▼ Pasivo + PN: 95.000 €

Asiento de apertura 2026:

Cuenta	Debe (€)	Haber (€)
(21) Inmovilizado	50.000	—
(30) Existencias	10.000	—
(43) Clientes	15.000	—
(57) Bancos	20.000	—
(10) Patrimonio neto	—	10.000
(17) Pasivo a largo plazo	—	30.000
(40) Proveedores	—	25.000

De esta forma, la contabilidad del nuevo ejercicio comienza con la misma situación patrimonial en que terminó el ejercicio anterior.

Elaborar los estados contables no es un simple trámite administrativo: constituye la culminación del proceso contable. A través de ellos:

▶ La empresa **controla su gestión interna**.

▶ Los socios, inversores y terceros **conocen la situación patrimonial y financiera**.

▶ La Administración Pública recibe información para fines fiscales y mercantiles.

Por ello, el contable debe asegurarse de que el cierre y la apertura se realizan de forma rigurosa, evitando errores y garantizando la fiabilidad de las cuentas anuales.

2.8 ACTUALIZACIÓN DE CUENTAS Y ASIENTOS PREDEFINIDOS

La contabilidad es una disciplina **dinámica** que se ve constantemente influida por cambios en la normativa, en la actividad de la empresa y en las herramientas tecnológicas disponibles. Esto obliga a mantener actualizados no solo los **planes de cuentas**, sino también las **plantillas de asientos predefinidos**, que son la base de la mecanización de operaciones repetitivas en los programas contables.

Si estas plantillas no se actualizan, existe el riesgo de que la contabilidad refleje datos erróneos, de que se incumplan requisitos legales o de que se pierda eficiencia en el registro de operaciones.

Los tres aspectos principales que debemos considerar son:

1. **La adaptación a cambios normativos** (nuevas leyes fiscales, modificaciones en el Plan General Contable, cambios en los tipos de IVA, etc.).

2. **La creación de nuevas plantillas de asientos** cuando surgen operaciones que antes no existían en la empresa (ejemplo: ventas online internacionales, criptomonedas, operaciones financieras específicas).

3. **La eliminación o actualización de plantillas antiguas** que han quedado obsoletas o que ya no se ajustan a la realidad económica ni a las obligaciones legales.

2.8.1 Adaptación a cambios normativos

El marco legal y contable no es estático. La normativa fiscal y mercantil puede modificarse en cualquier momento, obligando a las empresas a **revisar sus planes contables y asientos predefinidos**.

EJEMPLOS DE CAMBIOS QUE REQUIEREN ADAPTACIÓN

- **Tipos de IVA:** si la Administración modifica el tipo general, reducido o superreducido, las plantillas de compras y ventas deben ajustarse automáticamente.

- **Nuevas cuentas contables en el PGC:** en ocasiones, se crean o eliminan cuentas específicas (por ejemplo, para subvenciones, impuestos o provisiones).

- **Normativa fiscal internacional:** las operaciones intracomunitarias y las exportaciones/importaciones pueden requerir cuentas y asientos diferentes.

EJEMPLO

Antes de 2012, el IVA general en España era del 18 %. A partir de septiembre de ese año se elevó al 21 %. Las empresas que no actualizaron sus plantillas siguieron registrando automáticamente asientos con el tipo erróneo, generando **liquidaciones incorrectas** y sanciones.

Plantilla antigua	Base 1.000 €, IVA 18 % (180 €)	Total 1.180 €
Plantilla actualizada	Base 1.000 €, IVA 21 % (210 €)	Total 1.210 €

2.8.2 Creación de nuevas plantillas de asientos

Las operaciones de las empresas evolucionan con el tiempo. Surgen nuevas actividades, productos o servicios que requieren **nuevas plantillas de asientos** para agilizar su registro.

EJEMPLOS DE NUEVAS OPERACIONES

▼ **Ventas online a clientes europeos**: asiento predefinido con IVA intracomunitario o exento.

▼ **Operaciones con criptomonedas**: creación de cuentas específicas para inversiones en activos digitales.

▼ **Subvenciones recibidas**: cuentas para ingresos diferidos que deben imputarse en varios ejercicios.

Procedimiento recomendado

1. **Analizar la operación nueva**: identificar las cuentas contables afectadas.

2. **Diseñar la plantilla** en el programa: incluir cuentas, Debe, Haber y posibilidad de editar importes.

3. **Validar con un asiento de prueba**: comprobar que el resultado contable es correcto.

4. **Documentar la plantilla**: para que otros usuarios sepan cuándo y cómo aplicarla.

EJEMPLO – PLANTILLA DE SUBVENCIÓN RECIBIDA (ANTICIPADA)

Cuenta	Debe (€)	Haber (€)	Concepto
(572) Bancos	10.000		Cobro de subvención
(130) Subvenciones oficiales de capital		10.000	Registro inicial de subvención

2.8.3 Eliminación o actualización de plantillas antiguas

Con el paso del tiempo, algunas plantillas dejan de ser útiles o incluso pueden inducir a errores. Mantener plantillas obsoletas en el programa contable genera confusión en los usuarios y riesgo de contabilizar con criterios caducos.

Situaciones que requieren eliminar o actualizar plantillas:

▸ **Cambios legales:** por ejemplo, plantillas que aún reflejan el IVA al 16 % (vigente hasta 2010).

▸ **Operaciones que la empresa ya no realiza:** como las relacionadas con actividades abandonadas o productos retirados del mercado.

▸ **Errores detectados en las plantillas:** si una plantilla incluía mal una cuenta, debe corregirse y sustituirse por otra.

Procedimiento recomendado

1. **Revisión periódica** de todas las plantillas configuradas en el software.

2. **Identificación** de aquellas que ya no se utilizan o que son incorrectas.

3. **Eliminación controlada** para evitar confusión.

4. **Creación de nuevas versiones** documentadas y aprobadas por el departamento contable.

EJEMPLO

Una empresa conservaba una plantilla antigua para "gastos de publicidad" con la cuenta **627 Publicidad y propaganda**, pero en lugar de asociar el IVA soportado a la cuenta 472 lo asociaba erróneamente a otra cuenta de gasto. Al detectar el error:

▸ Se eliminó la plantilla incorrecta.

▸ Se creó una plantilla nueva con la estructura correcta.

Conclusión

La **actualización de cuentas y asientos predefinidos** es una tarea de mantenimiento contable tan importante como el propio registro de operaciones.

Un contable profesional debe:

▸ Revisar periódicamente los cambios normativos que afectan al plan contable y al IVA.

▸ Crear nuevas plantillas adaptadas a la realidad económica de la empresa.

▸ Eliminar o corregir las plantillas antiguas para evitar errores y mantener coherencia en los registros.

En definitiva, mantener actualizadas las plantillas asegura una contabilidad **fiable, ágil y en plena conformidad legal**.

2.9 CUESTIONARIO

1. ¿Cuál es la función principal de un programa de contabilidad?

a) Realizar auditorías externas

b) Registrar, organizar y consultar información contable

c) Emitir certificados fiscales directamente

d) Sustituir completamente al contable humano

2. ¿Cuál de las siguientes NO es una ventaja de los programas contables?

a) Agilizar el registro contable

b) Facilitar el cumplimiento fiscal

c) Asegurar la confidencialidad de datos

d) Eliminar la necesidad de formación contable

3. **El menú principal de un programa contable sirve para:**

   a) Modificar el hardware del equipo

   b) Agrupar las funciones por categorías

   c) Crear copias físicas de los libros

   d) Acceder al sistema operativo

4. **En un programa contable, el "área de trabajo" es:**

   a) El lugar donde se configura la instalación

   b) La pantalla donde se introducen y visualizan datos

   c) El módulo de copias de seguridad

   d) El sistema de permisos de usuarios

5. **La función de alta de registros permite:**

   a) Eliminar asientos incorrectos

   b) Introducir nuevas operaciones contables

   c) Cerrar ejercicios automáticamente

   d) Modificar datos fiscales de la empresa

6. **¿Qué ocurre cuando se elimina un asiento en muchos programas contables?**

   a) Se borra permanentemente

   b) Se marca como anulado para mantener trazabilidad

   c) Se genera un asiento automático de ajuste

   d) Se reinicia la aplicación

7. **¿Cuál de las siguientes es una funcionalidad avanzada?**

   a) Alta de registros

   b) Búsqueda de asientos

   c) Generación de informes automáticos

   d) Introducción manual de asientos

8. Exportar datos del programa contable permite:

a) Modificar las políticas fiscales

b) Crear copias de seguridad del sistema operativo

c) Compartir información en formatos externos

d) Legalizar libros automáticamente

9. ¿Qué característica es típica de Sage, A3ERP o Holded?

a) Integración con facturación

b) Falta de conexión a internet

c) Interfaz basada exclusivamente en comandos

d) Incompatibilidad con el PGC

10. El alta de empresa requiere introducir:

a) Solo el capital social

b) Datos fiscales, administrativos y contables

c) Exclusivamente el CIF

d) Únicamente la dirección fiscal

11. ¿Qué parámetro contable debe configurarse al crear la empresa?

a) El salario de los empleados

b) El ejercicio contable

c) La cuenta bancaria del director

d) El sistema operativo del ordenador

12. ¿Qué ocurre si un ejercicio está cerrado en la aplicación?

a) Puede modificarse libremente

b) No permite cambios y las correcciones deben hacerse en el ejercicio siguiente

c) Se elimina automáticamente

d) Solo se podrá cambiar en modo edición avanzada

13. ¿Qué identifica el Plan General de Contabilidad (PGC)?

a) Los requisitos de Internet

b) La estructura de cuentas contables

c) Las normas laborales

d) El diseño de la interfaz del programa

14. La cuenta "572" corresponde a:

a) Clientes

b) Bancos

c) Ventas

d) Amortización acumulada

15. Una subcuenta contable sirve para:

a) Crear copias de seguridad

b) Detallar más una cuenta general

c) Eliminar información antigua

d) Modificar el sistema fiscal

16. ¿Cuál es un requisito técnico habitual para instalar software contable?

a) Procesador de última generación obligatorio

b) Al menos 8 GB de RAM recomendados

c) Equipo sin conexión a internet

d) Sistema operativo obsoleto

17. Antes de actualizar una aplicación contable se debe:

a) Desinstalarla completamente

b) Formatear el disco duro

c) Realizar una copia de seguridad

d) Cerrar el ejercicio contable

18. ¿Qué tipo de copia de seguridad ofrece mayor protección?

a) Copia manual en USB

b) Copia automática local

c) Copia en la nube

d) Sistema híbrido (local + nube)

19. ¿Qué riesgo existe en una empresa sin copias de seguridad?

a) No podrá usar correo electrónico

b) Perderá datos contables críticos

c) Tendrá que cambiar de software

d) Dejará de existir el capital social

20. ¿Qué elemento es obligatorio en la estructura de un asiento contable?

a) Número de factura del proveedor

b) Fecha, cuentas, importe Debe/Haber y concepto

c) Código postal del cliente

d) El nombre del director financiero

✓ RESPUESTAS CORRECTAS

1. b		11. b	
2. d		12. b	
3. b		13. b	
4. b		14. b	
5. b		15. b	
6. b		16. b	
7. c		17. c	
8. c		18. d	
9. a		19. b	
10. b		20. b	

2.10 ACTIVIDADES PRÁCTICAS

■ **Actividad 1.** Identificación del entorno de un programa contable

Observa la interfaz de un programa contable (puede ser Sage, A3ERP, Contasol, Holded, etc.) e indica:

1. ¿Dónde se encuentra el menú principal?
2. ¿Oué funciones aparecen en el panel lateral?
3. ¿Qué información se muestra en el área de trabajo?
4. ¿Qué elementos dirías que son más importantes para el registro contable?

■ **Actividad 2.** Alta de empresa en un programa contable

Un autónomo inicia su actividad y necesita crear una empresa en el software. Indica:

1. ¿Qué datos fiscales son obligatorios?
2. ¿Qué ejercicio contable debe configurarse?
3. ¿Qué plan de cuentas se debe seleccionar?
4. ¿Qué ocurriría si el ejercicio se crea con fechas incorrectas?

■ **Actividad 3.** Registro de asientos

A partir de las siguientes operaciones, escribe los asientos contables que corresponderían:

1. Compra de mercancías al contado: 1.200 €.
2. Cobro de un cliente por transferencia: 950 €.
3. Pago de alquiler del local: 600 €.
4. Devolución de mercancías a proveedor: 120 €.

■ **Actividad 4.** Uso de funciones de búsqueda

Indica cómo buscarías los siguientes datos en el programa:

1. Un asiento concreto por número.

2. Un cliente por su NIF.

3. Todos los asientos que contengan la palabra "alquiler".

4. Todos los movimientos de la cuenta 600.

Explica qué filtros o criterios usarías.

■ **Actividad 5.** Eliminación y modificación de asientos

1. ¿Se pueden eliminar asientos en cualquier momento?

2. ¿Qué diferencia hay entre eliminar y anular un asiento?

3. ¿Por qué muchos programas no permiten borrar asientos históricos?

4. ¿Qué mecanismos garantizan la trazabilidad contable?

■ **Actividad 6.** Generación de informes

En el programa contable genera (o describe cómo se generan):

1. Balance de situación.

2. Pérdidas y ganancias.

3. Libro diario.

4. Diario resumido.

Explica qué opciones del menú utilizarías y qué parámetros deben configurarse.

■ **Actividad 7.** Exportación de datos

1. Enumera 3 formatos habituales para exportar información contable.

2. ¿Para qué sirve exportar a Excel?

3. ¿Qué precauciones se deben tener antes de enviar datos contables por correo electrónico?

■ **Actividad 8.** Instalación de software contable

Investiga e indica:

1. Requisitos mínimos de un programa contable real.
2. Requisitos recomendados.
3. ¿Por qué puede ser importante la conexión a Internet?
4. ¿Qué ocurre si el equipo no cumple los requisitos técnicos?

■ **Actividad 9.** copias de seguridad

1. Define qué es una copia de seguridad.
2. Explica la diferencia entre copia local y copia en la nube.
3. ¿Qué consecuencias tendría no realizar copias periódicas?
4. Propón una política de backups adecuada para una pequeña empresa.

■ **Actividad 10.** Caso práctico integrador

Una empresa trabaja con el siguiente software contable. Durante el día se registran estas operaciones:

▼ Compra de material de oficina: 150 €

▼ Factura de venta: 450 €

▼ Cobro de un cliente: 300 €

▼ Pago a proveedor mediante transferencia: 275 €

Se pide:

1. Registrar los asientos.
2. Consultar el saldo de la cuenta 570 y 430.
3. Generar un informe donde se muestren solo los movimientos del día.
4. Exportar a Excel el libro diario.

■ SOLUCIONARIO

✓ Actividad 1

1. Parte superior de la ventana.

2. Dependiendo del programa: ventas, compras, contabilidad, informes...

3. Asientos, listados, formularios de entrada de datos.

4. Menú contable, área de trabajo y panel de asientos.

✓ Actividad 2

1. CIF/NIF, nombre fiscal, dirección, epígrafe IAE.

2. Del 01/01 al 31/12 del año natural.

3. PGC normal o PGC PYMES según la empresa.

4. Los asientos quedarían fuera del ejercicio y no podrían contabilizarse.

✓ Actividad 3

1. 600 Compras 1.200 / 570 Caja 1.200

2. 572 Bancos 950 / 430 Clientes 950

3. 621 Arrendamientos 600 / 572 Bancos 600

4. 400 Proveedores 120 / 600 Compras 120

✓ Actividad 4

1. Buscar → "Nº de asiento".

2. Buscar → filtro por NIF o nombre.

3. Filtro de texto → "alquiler".

4. Filtro por cuenta → seleccionar cuenta 600.

✓ Actividad 5

1. No, solo si el ejercicio está abierto.
2. **Eliminar** borra; **anular** mantiene trazabilidad.
3. Para evitar manipulación de datos contables.
4. Asientos bloqueados, auditoría interna, registro de cambios.

✓ Actividad 6

1. Menú Informes → Balance de situación.
2. Menú Informes → Pérdidas y ganancias.
3. Contabilidad → Libro diario.
4. Configurando fechas y filtros.

✓ Actividad 7

1. PDF, Excel, XML, CSV.
2. Permite análisis externo, gráficas, cálculos.
3. Cifrar el archivo, revisar destinatario, proteger datos sensibles.

✓ Actividad 8

1. 4 GB RAM, procesador básico, Windows 10.
2. +8 GB RAM, SSD, conexión fibra.
3. Para actualizaciones, copias en la nube, sincronización.
4. El software puede funcionar lento o no abrirse.

✓ Actividad 9

1. Copia de la información para restaurarla si se pierde.
2. Local = en el ordenador; nube = servidor externo.
3. Pérdida total de datos contables.
4. Copia diaria + copia semanal en la nube + copia mensual externa.

✓ Actividad 10

1.

- 629 Material oficina 150 / 572 Bancos 150
- 430 Clientes 450 / 700 Ventas 450
- 572 Bancos 300 / 430 Clientes 300
- 400 Proveedores 275 / 572 Bancos 275

2. Sólo consultando mayor contable.

3. Informes → Diario → Filtrar por fecha actual.

4. Exportar → Excel → Libro diario.

SÍGUENOS EN INSTAGRAM Y ACCEDE GRATIS A NUESTRA BIBLIOTECA DIGITAL DURANTE 30 DÍAS.

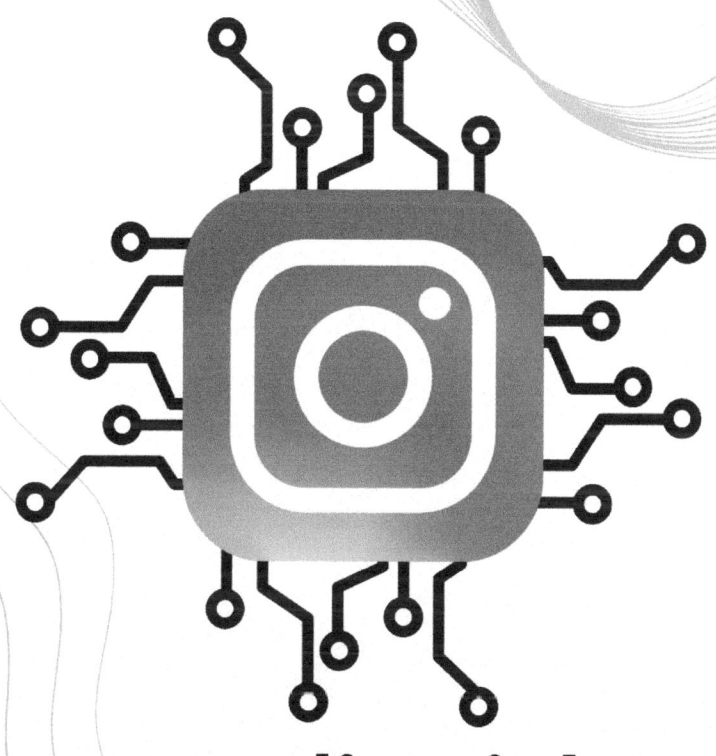

@grupoeditorialrama

¡ENVÍANOS TU MAIL POR PRIVADO!

 Grupo Editorial

ra-ma 40 ANIVERSARIO